Curso de español lengua extranjera

INSTANTES 1

José Ramón Rodríguez Martín
Patricia Santervás González

Usa este código para acceder al
LIBRO DIGITAL
y al
BANCO DE RECURSOS
disponibles en

www.anayaeledigital.es

Unidad 0 — ¡Bienvenido al español!
Pág. 4

Primer contacto con el español

Unidad 1 — Empiezo mi curso
Pág. 10

Secuencias
1. Doy información personal
2. Indico mi nacionalidad
3. Digo mi cumpleaños
4. Hago mis contactos
5. Sé usar *tú* y *usted*
6. Explico qué lenguas hablo

Contenido

GRAMÁTICA
- **Los verbos en presente:** *llamarse, tener* y *ser*
- **Los verbos regulares en presente:** *hablar, comprender* y *escribir*
- **Los adjetivos:** masculino y femenino, singular y plural
- **Los pronombres personales**

LÉXICO
- El nombre, los apellidos, el teléfono...
- Los países y las nacionalidades
- Los días de la semana y los meses del año
- Los idiomas

Proyecto
Presento mi país

Competencias del siglo XXI
Maneras de vivir el mundo: aprender idiomas

Unidad 2 — Estoy en mi colegio
Pág. 24

Secuencias
1. Conozco mi colegio
2. Describo mi colegio
3. Hablo de mi mochila
4. Describo mis objetos
5. Identifico mis objetos
6. Explico qué hay en mi aula

Contenido

GRAMÁTICA
- **Los artículos:** *el, la, los* y *las; un, una, unos* y *unas*
- **El género de los sustantivos:** terminados en *–o, –or* y *–a* y el plural con *–s* y con *–es*
- **El verbo *estar* y la forma *hay***
- **Las expresiones de lugar:** *entre, delante de, al lado de* y las contracciones *al* y *del*

LÉXICO
- **El colegio:** *aula, biblioteca, gimnasio...*
- **El material escolar:** *libro, cuaderno, bolígrafo...*
- **Los colores:** *rojo, verde, naranja...*

Proyecto
Animales del mundo

Competencias del siglo XXI
Maneras de trabajar: la colaboración

Unidad 3 — Organizo mi horario
Pág. 38

Secuencias
1. Digo la hora en español
2. Presento mi horario
3. Respeto las normas
4. Explico mis costumbres
5. Hablo de mi país
6. Cuento mis actividades extraescolares

Contenido

GRAMÁTICA
- **Las preposiciones con valor temporal:** *a, de, desde* y *hasta*
- **Los verbos reflexivos y los irregulares** *jugar, ir, hacer* y *poder*
- **Los adverbios de tiempo:** *antes* y *después*
- **Las expresiones de la hora:** *y cinco, y media, menos cuarto...*

LÉXICO
- **Las partes del día:** *mañana, tarde, noche*
- **Las asignaturas:** *Ciencias Sociales, Matemáticas...*
- **Los verbos de acciones cotidianas:** *levantarse, lavarse, jugar, ir...*

Proyecto
Empatía

Competencias del siglo XXI
Maneras de vivir el mundo: ciudadanía

Unidad 4 — Hablo de mi gente
Pág. 52

Secuencias
1. Conozco la familia
2. Hablo de mi familia
3. Describo a una persona
4. Adivino de quién hablan
5. Digo cómo son mis amigos
6. Informo de mi chico o chica ideal

Contenido

GRAMÁTICA
- **Los adjetivos posesivos:** *mi, tu, su, nuestro, vuestro* y *su*
- **Los verbos** *ser, tener* y *llevar*
- **Los adverbios** *muy, bastante, poco* y *nada*
- **El género y el número de los adjetivos**

LÉXICO
- **Las relaciones familiares:** *padre, madre, hijo, abuelo...*
- **La descripción física de personas:** *rubio, moreno, alto...*
- **Los adjetivos de carácter:** *simpático, inteligente...*

Proyecto
Vida en otros planetas

Competencias del siglo XXI
Maneras de pensar: aprender a aprender

Índice
Instantes 1

Unidad 5 — Describo mi entorno
Pág. 66

Secuencias
1. Describo mi habitación
2. Sitúo los muebles
3. Escribo sobre mi casa
4. Localizo los objetos
5. Explico qué hago en casa
6. Indico para qué sirve

Contenido

GRAMÁTICA
- **Los demostrativos:** *este, ese y aquel*
- **Los verbos** *ser, estar, tener y hay*
- **Los verbos irregulares:** *ver, jugar, dormir y sentarse*
- *Para* + infinitivo

LÉXICO
- **Los muebles:** *la cama, la estantería, el escritorio, la silla...*
- **Las habitaciones de una casa:** *el dormitorio, el salón, la cocina...*
- **Los verbos de acción cotidiana (1):** *dormir, desayunar...*

Proyecto: Casas del mundo

Competencias del Siglo XXI: Herramientas para trabajar: tecnología

---

Unidad 6 — Hablo de mi ocio
Pág. 80

Secuencias
1. Digo mis gustos
2. Comparo mis gustos
3. Cuento mis pasiones
4. Organizo mi agenda
5. Explico mi calendario
6. Narro mis rutinas

Contenido

GRAMÁTICA
- **El verbo** *gustar* **y los pronombres de objeto indirecto:** *(a mí) me, (a ti) te, le, nos, os y les*
- **Las expresiones de frecuencia:** *todos los días, muchas veces, siempre y nunca*
- **Los verbos irregulares de cambio vocálico:** *dormir, jugar...*

LÉXICO
- **Las actividades de tiempo libre:** *jugar al fútbol, ir al cine...*
- **Las fiestas anuales:** *la Navidad, los fines de semana...*
- **Los verbos de acción cotidiana (2):** *empezar, hacer...*

Proyecto: Los deportes más practicados

Competencias del Siglo XXI: Maneras de pensar: toma de decisiones

---

Unidad 7 — Me muevo en la ciudad
Pág. 94

Secuencias
1. Descubro una ciudad
2. Describo mi ciudad
3. Informo de mi barrio
4. Hago preguntas
5. Me muevo por la ciudad
6. Presento mi ciudad

Contenido

GRAMÁTICA
- **El verbo** *ir* **y las preposiciones** *a, en* **y** *con,* **y los verbos** *querer* **y** *poder* + infinitivo
- **Los conectores:** *y, o, ni y pero*
- **Las expresiones de lugar:** *delante de, cerca de, al lado de...*

LÉXICO
- **Los edificios de una ciudad:** *el museo, la biblioteca...*
- **Las tiendas:** *la librería, la papelería, el quiosco...*
- **Los medios de transporte:** *el metro, el autobús, el tren...*

Proyecto: La geografía de mi país

Competencias del Siglo XXI: Maneras de trabajar: la comunicación

---

Unidad 8 — Comparto mi tiempo
Pág. 108

Secuencias
1. Hablo de los días especiales
2. Quedo con mis amigos
3. Explico el tiempo que hace
4. Hago actividades
5. Elijo un regalo para mí
6. Explico qué estoy haciendo

Contenido

GRAMÁTICA
- **Los verbos para hablar del tiempo:** *hace, llueve y nieva*
- **La diferencia entre** *muy* **y** *mucho*
- *Estar* + gerundio

LÉXICO
- **Las palabras para describir una fiesta:** *la tarta, las velas, los regalos, el baile...*
- **Las expresiones para hablar del clima:** *hace frío, calor, viento...*
- **La ropa:** *la camiseta, los pantalones, la falda...*

Proyecto: El clima del mundo

Competencias del Siglo XXI: Maneras de pensar: el pensamiento crítico

Unidad 0
¡Bienvenido al español!

¡Hola! ¿Qué tal?

Secuencia 1 — Saludo y me presento

1 Observo
Observo las fotos y leo.

¡Hola! Yo me llamo Marcos.

Buenos días, me llamo Sara y soy la profesora de español. Y tú, ¿cómo te llamas?

Yo soy Olivia. ¿Qué tal?

2 Aprendo
Completo con las palabras anteriores.

Presentaciones	Saludos
• _____ + nombre.	• _____
• _____ + nombre.	• ¡_____!
	• ¿_____?

3 Digo mi nombre

a. Completo los diálogos.

Alicia: ¡Hola!, _____ Alicia.
Andrés: Yo _____ Andrés, ¿qué tal?
Alicia: ¡Hola, Andrés!
Olivia: ¡Hola!, ¿_____?

b. Hablo con tres compañeros, como en el modelo.

Sara: ¡Hola! Yo me llamo Sara. ¿Qué tal?
Daniel: ¡Hola, Sara! Yo soy Daniel.
Marta: Y yo me llamo Marta.

Secuencia 2 — Digo los números en español

¡Bienvenido al español! 0

1. Aprendo los números
Escucho y repito.

L	M	X	J	V	S	D
0 cero	1 uno	2 dos	3 tres	4 cuatro	5 cinco	6 seis
7 siete	8 ocho	9 nueve	10 diez	11 once	12 doce	13 trece
14 catorce	15 quince	16 dieciséis	17 diecisiete	18 dieciocho	19 diecinueve	20 veinte
21 veintiuno	22 veintidós	23 veintitrés	24 veinticuatro	25 veinticinco	26 veintiséis	27 veintisiete
28 veintiocho	29 veintinueve	30 treinta	31 treinta y uno			

¡Fíjate!
Del 0 al 30 son una palabra: *veintiuno, veintidós, veintitrés...*
Pero: *treinta y uno, treinta y dos, treinta y tres...*

2. Practico los números
Hablo y escucho.

a. Digo el número de dos bolas, mi compañero las señala.

b. Escribo seis números en mi saco. Luego, escribo los números que dice mi compañero.

Mis números

Los números de mi compañero

Secuencia 3 — Conozco los países

1. Identifico los países

a. Señalo mi país.

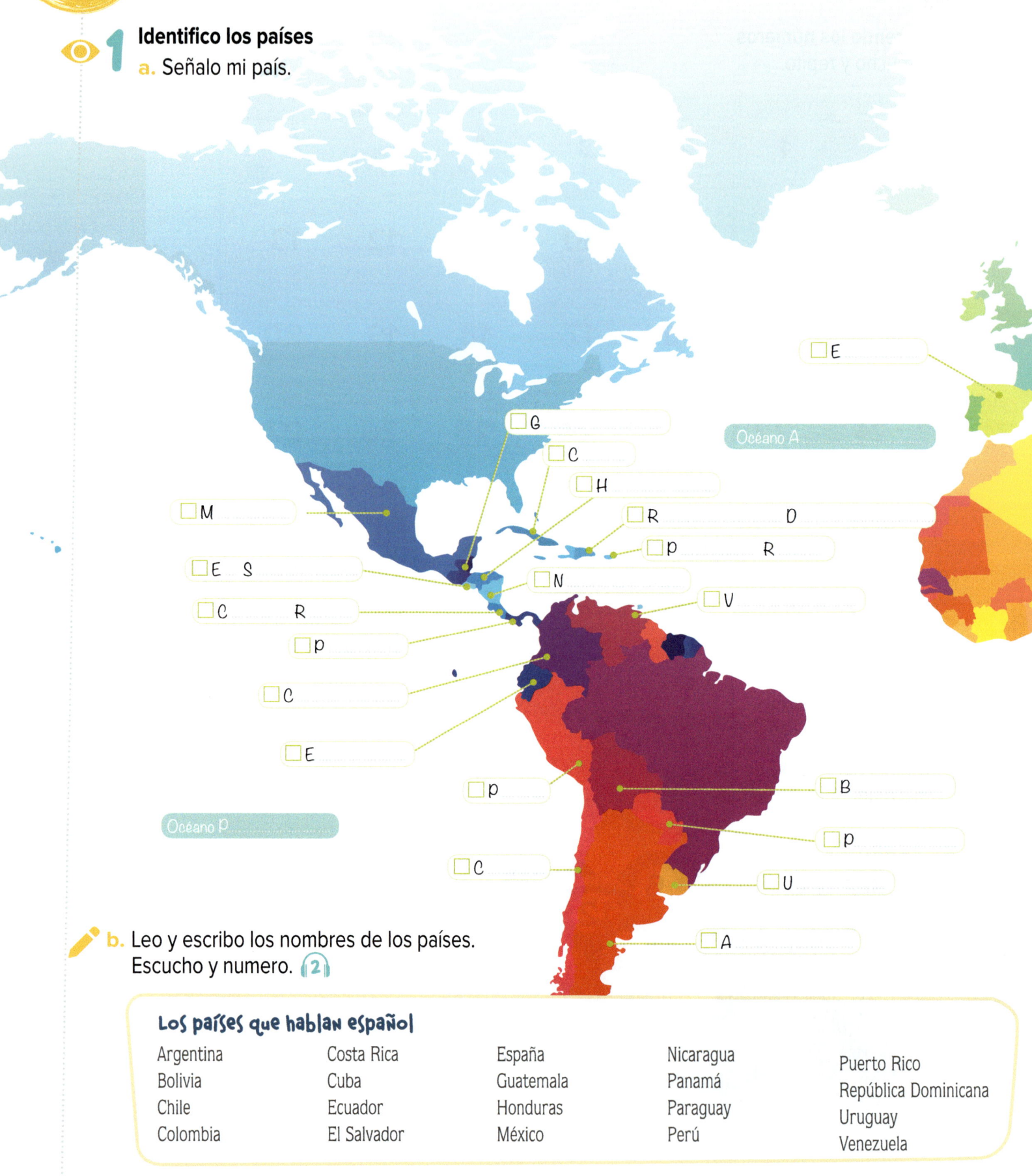

b. Leo y escribo los nombres de los países. Escucho y numero.

Los países que hablan español

Argentina	Costa Rica	España	Nicaragua	Puerto Rico
Bolivia	Cuba	Guatemala	Panamá	República Dominicana
Chile	Ecuador	Honduras	Paraguay	Uruguay
Colombia	El Salvador	México	Perú	Venezuela

¡Bienvenido al español! 0

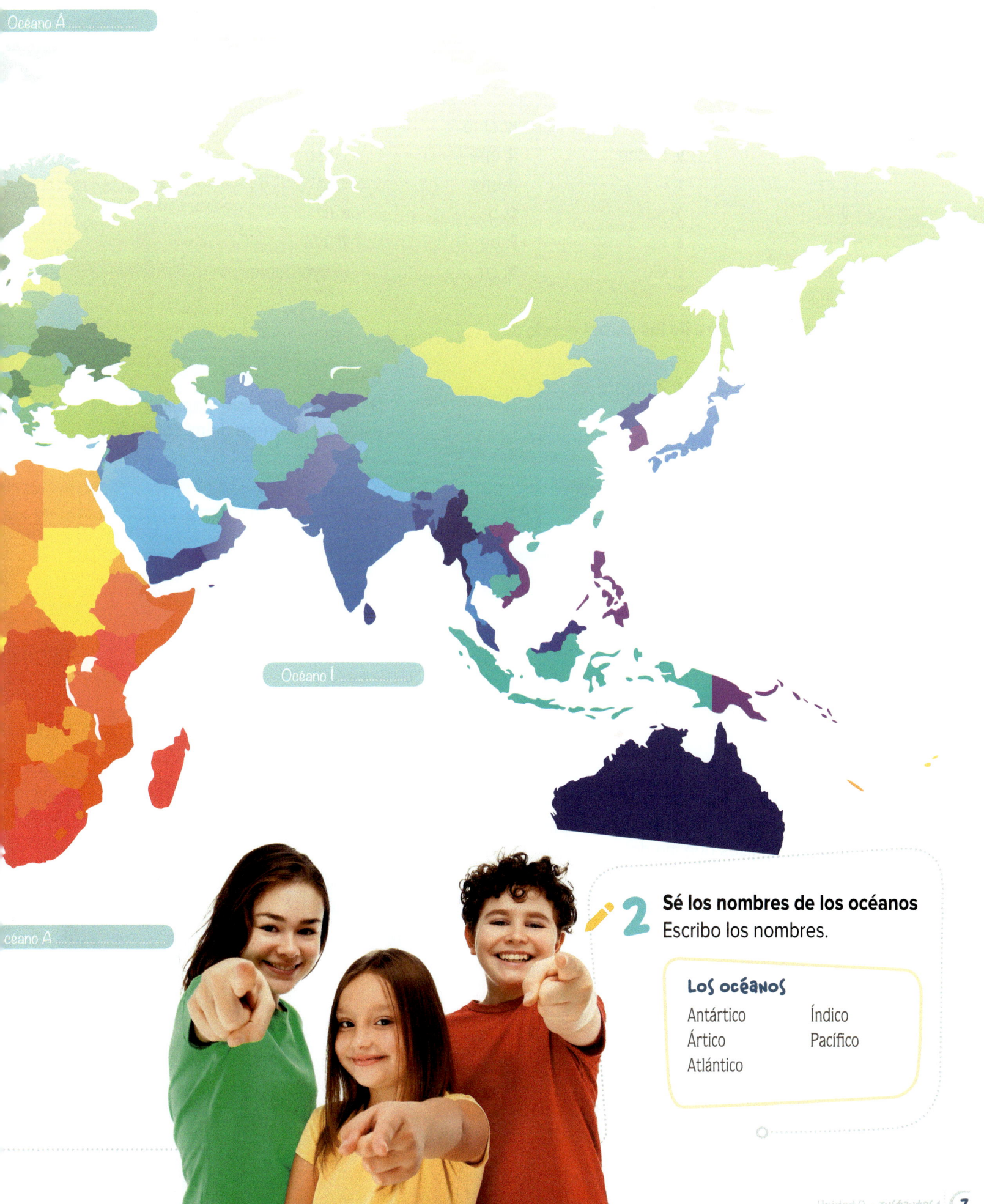

Océano A..........

Océano Í..........

Océano A..........

2. Sé los nombres de los océanos
Escribo los nombres.

Los océanos

Antártico   Índico
Ártico   Pacífico
Atlántico

Secuencia 4 — Deletreo en español

1. Aprendo el abecedario
Escucho y repito el abecedario.

- **A**: a
- **B**: be
- **C**: ce
- **D**: de
- **E**: e
- **F**: efe
- **G**: ge
- **H**: hache
- **I**: i
- **J**: jota
- **K**: ka
- **L**: ele
- **M**: eme
- **N**: ene
- **Ñ**: eñe
- **O**: o
- **P**: pe
- **Q**: cu
- **R**: erre
- **S**: ese
- **T**: te
- **U**: u
- **V**: uve
- **W**: uve doble
- **X**: equis
- **Y**: ye
- **Z**: zeta

2. Juego con el nombre de los países donde se habla español

a. Escucho y escribo el nombre de los países.

1.
2.
3.
4.

b. Deletreo a mi compañero estos países (A o B) y señalo en el mapa de las páginas 6 y 7 los países que me deletrea.

Alumno A	Alumno B
Chile	Uruguay
Colombia	México
Ecuador	Honduras
El Salvador	Guatemala
Nicaragua	Cuba
Panamá	Costa Rica
República Dominicana	Bolivia

3. Ahora yo
Deletreo mi nombre y apellido y escribo el nombre de mi compañero.

Mi compañero se llama...

¡Bienvenido al español!

4 Descubro la pronunciación de las palabras

a. Escucho y marco la sílaba fuerte.

1. español
2. Ricardo
3. deletrear
4. profesora
5. noche
6. Cuba
7. palabras
8. hispano
9. profesor
10. Daniel
11. Salvador
12. Madrid

b. Me fijo en el final de la palabra y clasifico las palabras anteriores.

La pronunciación

Terminan en vocal (-a, -e, -i, -o, -u) o en -n o -s	Terminan en consonante (-r, -l...), pero no en -n o -s
En estas palabras la sílaba **fuerte** es la **penúltima**.	En estas palabras la sílaba **fuerte** es la **última**.

penúltima última   penúltima **última**

c. Subrayo la sílaba fuerte y después leo en voz alta.

1. nombre
2. Alicia
3. Ecuador
4. pregunta
5. Bolivia
6. Leonor
7. Sara
8. imagen
9. saludar
10. Patricia
11. Ismael
12. escribir

5 Aprendo a escribir el acento

a. Leo la regla.

El acento

Se pronuncia más fuerte la sílaba con acento escrito (´), como *México* o *Iván*. Si no hay acento:

1. Las palabras que terminan en vocal, *-n* o *-s* tienen más fuerte la penúltima sílaba, como **nom**bre o Es**te**ban.

2. Las palabras terminadas en consonante tienen más fuerte la última sílaba, como espa**ñol** o profe**sor**.

b. Escucho y repito.

1. diálogo
2. Perú
3. océano
4. Atlántico
5. página
6. dieciséis
7. Panamá
8. veintidós

Unidad 1

Empiezo mi curso

Aprendo los saludos

👁 Observo e identifico los saludos en español. Escucho y compruebo. 🎧 7

— Olá, bom día! Tudo bem?

— Hi, good morning! How are you?

— ¡Hola, buenos días! ¿Qué tal?

— Hallo, guten Morgen!

Competencias del siglo XXI

🌍 *Maneras de vivir el mundo: aprender idiomas*

¿Por qué es importante aprender español? Elijo una opción.

○ Porque 577 millones de personas hablan español en el mundo.

○ Porque se habla en 20 países.

○ Para mi trabajo futuro.

○ Porque escucho música latina o veo series en español.

Contenido virtual

Ayuda
En preguntas:
¿Qué tal?
En exclamaciones:
¡Hola!

- Merhaba!
- Ciao! Buongiorno.
- Kon'nichiwa! Ogenkidesuka?
- ¡Hola, buenas tardes!
- ¡Buenas noches!
- Hei, god dag!
- Salut! Ça va?
- Dobroye utro!

En esta unidad...

1. Doy información personal
2. Indico mi nacionalidad
3. Digo mi cumpleaños
4. Hago mis contactos
5. Sé usar *tú* y *usted*
6. Explico qué lenguas hablo

... aprendo...

- Los verbos en presente: *llamarse*, *tener* y *ser*
- Los verbos regulares en presente: *hablar*, *comprender* y *escribir*
- Los adjetivos: masculino y femenino, singular y plural
- Los pronombres personales

- El nombre, los apellidos, el teléfono...
- Los países y las nacionalidades
- Los días de la semana y los meses del año
- Los idiomas

... para realizar...

Nuestro proyecto
Presento mi país
Pág. 22

Unidad 1 • Instantes 1

Secuencia 1

Doy información personal

👁 1 Comprendo
Leo, escucho y relaciono con los documentos. 🎧

- ¡Buenos días! ¿Es usted el profesor?
- Sí, soy yo. Me llamo Andrés.
- Y es español, ¿no?
- Sí, soy de Barcelona.

(1)

MÉXICO — MATRÍCULA CONSULAR - CONSULAR ID CARD
Apellido: **Santana Cruz**
Nombre: **María**
Domicilio: **Av. España, 1065 Ciudad de México**
Fecha de nacimiento: **21/09/2008**
(b)

- ¡Hola!, ¿cómo te llamas?
- Me llamo Leo y soy argentino.
- ¿Y cuántos años tienes?
- Tengo 12 años. ¿Y tú?

(3)

Provincia de San Luis — REPÚBLICA ARGENTINA — CÉDULA DE IDENTIDAD PROVINCIAL ELECTRÓNICA
Apellido: **Perez** / Nombre: **Leo**
Nacionalidad: **Argentino**
Lugar de nacimiento: **San Luis**
Fecha de nacimiento: **09/04/2008**
Domicilio: **Av. Daroca, 22?**
C.I.P.E. Nro: 11.111.111
(a)

- ¿De dónde sois vosotras?
- Somos mexicanas, de Ciudad de México, la capital. ¿Y tú?

(2)

ESPAÑA — DOCUMENTO NACIONAL DE IDENTIDAD
APELLIDOS **DE MINGO GIL**
NOMBRE **ANDRÉS**
SEXO M NACIONALIDAD ESP
FECHA DE NACIMIENTO 01 01 1980
NUM SOPORT BAA000589 VALIDEZ 01 01 2025
DNI 99999999R   987654
(c)

⚙ 2 Aprendo los verbos
Completo con los verbos de los diálogos.

Los verbos

	ser	tener	llamarse
(yo)			
(tú)	eres		
(él, ella, usted)		tiene	se llama
(nosotros, nosotras)		tenemos	nos llamamos
(vosotros, vosotras)		tenéis	os llamáis
(ellos, ellas, ustedes)	son	tienen	se llaman

1. • María, ¿cuántos años ....?
   • .... 12 años.
2. • Carlos, ¿cómo .... el profesor?
   • .... Andrés.
3. • ¿Cristiano Ronaldo .... de España?
   • No, ... de Portugal.
4. • Ellos .... Ángel y José. Son amigos.

✏ 3 Doy mi información personal

a. Relaciono las preguntas y las respuestas.

1. ¡Hola! ¿Cómo te llamas?
2. ¿De dónde eres?
3. ¿Cuántos años tienes?

○ Tengo 11 años. (edad)
○ Marta. (nombre)
○ Soy de Madrid. (ciudad)

💬 b. Hablo con mi compañero y digo mi nombre, mi ciudad o país y mi edad.

¡Hola! Me llamo...

Secuencia 2 — Indico mi nacionalidad

Empiezo mi curso 1

1. Descubro las nacionalidades
Relaciono las nacionalidades con los personajes.

estadounidense - colombianas - argentino - españoles

Leo Messi es ....

Beyoncé es ....

Pau y Marc son ....

Sofía Vergara y Shakira son ....

2. Aprendo el adjetivo
Completo la tabla con los adjetivos anteriores. Luego, clasifico los adjetivos de la derecha.

Los adjetivos de nacionalidad

	singular		plural	
	masculino	femenino	masculino	femenino
Colombia	colombiano	colombiana	colombianos	
Argentina		argentina	argentinos	argentinas
España	español	española		españolas
Francia	francés	francesa	franceses	francesas
EE. UU.	estadounidense		estadounidenses	estadounidenses

costarricense ③
chileno ○
japonés ○
ruso ○
holandés ○
chino ○
suizo ○
brasileño ○
canadiense ○

Los adjetivos

1. Si el masculino termina en o, como en *colombiano*, el femenino termina en ....
2. Si el masculino termina en consonante (s, l...), como en *español*, el femenino termina en + ...
3. Si el singular termina en vocal (o, a, e), como en *argentina*, el plural termina en + ...
4. Si el singular termina en consonante (s, l...), como en *español*, el plural termina en + ...

3. Digo mi nacionalidad
Respondo a la pregunta.

¿De dónde eres?

Yo soy...

Secuencia 3 — Digo mi cumpleaños

1. Descubro los meses del año
Completo el calendario con los meses del año.
Luego, clasifico los meses en las estaciones.

julio, mayo, agosto, enero, diciembre, junio, febrero, noviembre, abril, septiembre, octubre, marzo

LOS MESES

CALENDARIO

01 E	02 F	03 M	04 A
05 M	06 J	07 J	08 A
09 S	10 O	11 N	12 D

LAS ESTACIONES

PRIMAVERA

VERANO

OTOÑO

INVIERNO

2. Aprendo los días de la semana
Escribo en orden los días de la semana.

jueves, miércoles, lunes, domingo, viernes, martes, sábado

Plan semanal

Semana
_ u _ _
_ _ r _
_ _ é _ _ _ _
_ _ _ v _ _
_ _ i _ _ _ _ _

Fin de Semana
_ _ á _ _ _ _
_ _ _ _ _ _ _

3. Hablo de mi cumpleaños
Encuentro a dos compañeros que cumplen años el mismo mes que yo.

> Mi cumpleaños es el 15 de enero y este año es lunes.
> ¿Cuándo es tu cumpleaños?

Secuencia 4 — Hago mis contactos

Empiezo mi curso 1

1. Sé hacer preguntas
Relaciono estas preguntas con la información de mi móvil y respondo.

1. ¿Cuándo es tu cumpleaños?
2. ¿Cuál es tu e-mail?
3. ¿Cuál es tu número de teléfono?
4. ¿Cómo te llamas?
5. ¿Cuál es tu apellido?
6. ¿Tienes Facebook? ¿Y Twitter o Instagram?

¡Fíjate!
@ Se llama *arroba*.

2. Conozco a mis compañeros
Pregunto la información anterior a dos compañeros y tomo nota.

Mi compañero se llama...
1.
2.

Su cumpleaños es...
1.
2.

Su e-mail es...
1.
2.

Su teléfono es...
1.
2.

3. Presento a uno de mis amigos
Escribo un mensaje y explico la información de uno de mis amigos.

Nuevo mensaje
PARA:
escribe aquí

Enviar

Secuencia 5: Sé usar tú y usted

1. Repaso los pronombres
Observo, escribo los pronombres en el lugar correcto y dibujo los dos emoticonos que faltan.

vosotros o vosotras · él o ella · tú · yo · nosotros o nosotras · ellos o ellas

2. Sé usar los pronombres
Escucho, leo y elijo la opción correcta.

1. • Hola, Edu. ¿Qué tal?
   • Muy bien, ¿y *tú/usted*?
2. • Profesor, ¿de dónde es *tú/usted*?
   • De Acapulco, México.
3. • Buenas tardes, señora *María/Hernández*.
   • Hola, buenas tardes.
4. • Hola, ¿qué tal?
   • Hola, Raúl. Bien, ¿y *tú/usted*?
5. • Buenos días, doctor. ¿Cómo *estás/está*?
   • Bien, gracias.
6. • ¿De dónde sois *vosotros/ustedes*?
   • De Sevilla. ¿Y tú?

El uso de usted y ustedes

En español utilizamos *usted* y *ustedes* para hablar con personas mayores, con los padres de un amigo, con el médico, con un profesor o con un policía.

También utilizamos *señor* y *señora* con el apellido, por ejemplo, *señor López*.

Con un amigo, usamos *tú*, pero en España con amigos usamos *vosotros* o *vosotras* y en Hispanoamérica, *ustedes*.

3. Yo decido
Digo en cada fotografía el pronombre que yo utilizo.

Con el padre de un amigo utilizo *usted*.

Secuencia 6 — Explico qué lenguas hablo

1. Conozco las lenguas de América
Leo el artículo y escribo las lenguas.

VIAJEROS *por el mundo*

LAS LENGUAS DE AMÉRICA

Más de 500 millones de personas hablan español en América Latina, desde México hasta Tierra de Fuego en Argentina. Es la segunda lengua más hablada en el mundo y 21 millones de personas estudian español. Sin embargo, no es lengua oficial en Brasil (donde se habla portugués), en Guayana y Haití (francés), en Surinam (holandés) o en Guyana y Belice (inglés).

Además, se hablan lenguas indígenas: en México hablan náhuatl; en Centroamérica, maya; en Bolivia, aimara; en Perú, quechua; en Chile, mapuche y en Paraguay, guaraní.

El español y el portugués son lenguas muy parecidas. Por eso, muchos brasileños leen y comprenden el español, pero no lo hablan o lo escriben, y más de cinco millones estudian español.

Las lenguas del mapa
- 🟧
- 🟦
- 🟥
- 🟨
- 🟩

2. Aprendo los verbos en presente
Busco al final del texto las formas y completo el cuadro.

El presente

	-ar hablar	-er comprender	-ir escribir
(yo)	hablo	comprendo	escribo
(tú)	hablas	comprendes	escribes
(él, ella, usted)	habla	comprende	escribe
(nosotros, nosotras)	hablamos	comprendemos	escribimos
(vosotros, vosotras)	habláis	comprendéis	escribís
(ellos, ellas, ustedes)			

3. Digo las lenguas que hablo
Elijo tres lenguas, explico mis conocimientos y escribo un *tweet* como Antonio en mi cuaderno.

Antonio @Antonio · 2h
Me llamo Antonio y soy brasileño, de São Paulo. Hablo y escribo muy bien portugués, es mi lengua materna. Comprendo y hablo bien inglés, estudio inglés en el colegio. Comprendo un poco el español.
#yoestudioespañol
#aprenderidiomasesdivertido

Gramática

1 Los interrogativos

a Observo y escribo dos ejemplos de preguntas y de respuestas en mi cuaderno.

interrogativo	pregunta	respuesta
Cómo	¿Cómo te llamas?	**Me llamo** + nombre
Cuál	¿Cuál es tu correo electrónico?	**Es** + correo
Cuándo	¿Cuándo es tu cumpleaños?	**Es el** + día + **de** + mes
Cuántos	¿Cuántos años tienes?	**Tengo** + número + años
De dónde	¿De dónde eres?	**Soy** + nacionalidad **Soy de** + ciudad

b Completo con los interrogativos.

Cómo - Cuándo - Cuántos - De dónde - Cuál (2)

1. • ¿_____ es Juan?
   • Juan es español.
2. • ¿_____ se llama la profesora?
   • Se llama Patricia.
3. • ¿_____ es tu *e-mail*?
   • instantes@edelsa.es
4. • ¿_____ años tenéis?
   • Yo tengo 12 y Ana tiene 13.
5. • ¿_____ es tu cumpleaños?
   • El 16 de agosto.
6. • ¿_____ es tu número de teléfono?
   • 648 393 202.

2 El presente de indicativo

a Observo, elijo un verbo y digo las formas.

	verbos en *-ar*		verbos en *-er*		verbos en *-ir*	
(yo)	-o	hablo	-o	leo	-o	vivo
(tú)	-as	hablas	-es	lees	-es	vives
(él, ella, usted)	-a	habla	-e	lee	-e	vive
(nosotros, nosotras)	-amos	hablamos	-emos	leemos	-imos	vivimos
(vosotros, vosotras)	-áis	habláis	-éis	leéis	-ís	vivís
(ellos, ellas, ustedes)	-an	hablan	-en	leen	-en	viven

verbos

utilizar
observar
practicar
escuchar
responder
comprender
aprender
escribir

b Completo las frases con *hablar*, *comprender* o *vivir* en la forma correcta.

1. Los brasileños _____ portugués.
2. Nosotros _____ en Andalucía.
3. La profesora no _____ en la ciudad.
4. Miguel es portugués, pero _____ algunas palabras del español.
5. Mis padres _____ alemán muy bien.
6. El compañero nuevo es chino y no _____ el español.

Empiezo mi curso 1

¡Fíjate!
No es necesario usar los pronombres. Los verbos dan la información.
(Yo) Leo un libro.
(Tú) Lees un libro.

c Observo y escribo en mi cuaderno dos frases con *ser* y dos frases con *tener*.

	ser	tener		usos
(yo)	soy	tengo		+ nombre
(tú)	eres	tienes	ser	+ nacionalidad
(él, ella, usted)	es	tiene		+ profesión
(nosotros, nosotras)	somos	tenemos		de + ciudad
(vosotros, vosotras)	sois	tenéis	tener	+ edad
(ellos, ellas, ustedes)	son	tienen		+ correo/teléfono

d Completo las frases con *ser* o *tener* en la forma correcta.

1. Marta _____ de Buenos Aires.
2. Luis y yo _____ 14 años.
3. Los alumnos griegos _____ de Atenas.
4. Mis padres _____ de Colombia.
5. Mis abuelos _____ 70 años.
6. Yo _____ inglesa, pero mis padres _____ españoles.

3 Adjetivos de nacionalidad

Completo la tabla.

Contenido virtual

	singular		plural	
	masculino	femenino	masculino	femenino
Alemania	alemán			alemanas
Canadá		canadiense	canadienses	
España	español			españolas
Italia		italiana	italianos	
Nicaragua	nicaragüense		nicaragüenses	
Grecia		griega		griegas
Francia		francesa	franceses	

¡Ojo! En Hispanoamérica no se usa *vosotros*, *vosotras*. Utilizan *ustedes*.

4 Los pronombres personales

Relaciono.

1. Son Marcos y Emma.   a. vosotros
2. Jesús y yo vivimos aquí.   b. ellos
3. Daniel es estudiante.   c. nosotros
4. ¿Habláis inglés Juan y tú?   d. él

Mi diccionario visual

Me presento en español

¡Hola, buenos días! Mi nombre es...

Doy mis datos personales

Mi carné de clase

Nombre: ....
Apellido: ....
📱 Teléfono: ....
✉ Dirección: ....
@ Correo electrónico: ....
🎂 Cumpleaños: ....

Digo las nacionalidades

o/a
- r......so/a
- it......li......no/a
- ....ino/a

ense
- c......nadie......se
- est......dounidense
- ni......aragüe......se

eño/a
- ......rasil......ño/a
- h......ndu......eño/a
- ......ana......eño/a

és/-a
- ......n......lés/-a
- f......a......cés/-a
- j......po......és/-a

Instantes 1 • Unidad 1

Empiezo mi curso 1

Hablo del tiempo

Estaciones del año

pri......ve......

......ra......

o......ñ....

..............no

Meses del año

en....ro	ju......o
f....br....ro	a....o....to
ma....zo	......ptiembre
abr......	o....t....bre
m....yo	n....vie....b....e
......nio	d....cie....bre

MAYO 16

Días de la semana

lunes

....

m..............oles

....

vier..........

....

..............go

¡Feliz fin de semana!

1 Completo mi diccionario visual

Veo, completo las palabras o hago un dibujo.

2 Juego con palabras

Juego con mis compañeros al *memory*.

paraguayo

argentino

brasileño

cubano

Empiezo mi curso 1

REP. DOMINICANA
Capital: Santo Domingo
Habitantes: .... millones

PUERTO RICO
Capital: San Juan
Habitantes: .... millones

COLOMBIA
Capital: B.............
Habitantes: 48 millones

VENEZUELA
Capital: C.............
Habitantes: .... millones

PARAGUAY
Capital: A.............
Habitantes: .... millones

URUGUAY
Capital: M.............
Habitantes: .... millones

ARGENTINA
Capital: B........ A........
Habitantes: 43 millones

2 Relaciono los datos

a. Clasifico los países según el número de habitantes.

- Más de 100 millones
- 25-50 millones
- Menos de 20 millones

b. Leo y relaciono para conocer el origen de los nombres de algunos países.

Argentina → Se llama así por Cristóbal Colón, que llega a América en 1492.

Bolivia — Se llama así por su situación geográfica, en el ecuador de la Tierra.

Chile — Su nombre significa 'lugar de plata' porque *argentum* es *plata* en latín.

Colombia — Se llama así por Simón Bolívar, libertador de América en el siglo XIX.

Ecuador — El origen del nombre es una palabra indígena, *tili*, que significa 'fin del mundo'.

3 Aprendo a describir un país

Leo y adivino el país.

> Hola, me llamo Hugo. Mi país se llama así por una palabra guaraní que significa 'país del río Uru'. En mi país viven tres millones y medio de personas. Hablamos español, pero también hablamos guaraní. Tiene frontera con Brasil y Argentina. La capital se llama Montevideo.

4 Ahora nosotros

Preparamos una descripción de nuestro país o de un país distinto y lo presentamos en clase.

Evalúo mis conocimientos en... AulaVirtual

Unidad 2

Estoy en mi colegio

Descubro los lugares del instituto

👁 Observo y completo dónde está cada estudiante.

| aula | biblioteca |
| laboratorio | gimnasio |

Yo estoy en el _____, tengo clase de Biología.

Yo estoy en el _____ de música, hoy tenemos jazz.

Competencias del siglo XXI

 Maneras de trabajar: la colaboración

¿Cómo me gusta trabajar?
Respondo a este cuestionario y reflexiono.

	❤️ Me gusta mucho	 Me gusta	No me gusta
Hacer los trabajos y presentaciones solo.			
Hacer los trabajos y presentaciones con otro compañero o compañera (en parejas).			
Hacer los trabajos y presentaciones en grupos.			
Hacer los trabajos y los deberes en mi casa.			
Hacer los trabajos y los deberes en la biblioteca.			

Estoy en la _____, necesito un diccionario de español.

Estoy en el _____, porque tengo deporte.

En esta unidad...

1. Conozco mi colegio
2. Describo mi colegio
3. Hablo de mi mochila
4. Describo mis objetos
5. Identifico mis objetos
6. Explico qué hay en mi aula

... aprendo...

- Los artículos: *el*, *la*, *los* y *las*; *un*, *una*, *unos* y *unas*
- El género de los sustantivos terminados en *–o*, *–or* y *–a* y el plural con *–s* y con *–es*
- El verbo *estar* y la forma *hay*
- Las expresiones de lugar: *entre*, *delante de*, *al lado de*... y las contracciones *al* y *del*

- El colegio: *aula*, *biblioteca*, *gimnasio*...
- El material escolar: *libro*, *cuaderno*, *bolígrafo*...
- Los colores: *rojo*, *verde*, *naranja*...

... para realizar...

Nuestro proyecto

Animales del mundo

Pág. 36

Secuencia 1 — Conozco mi colegio

1. Conozco los nombres de los lugares del colegio
Escribo el nombre de cada parte del colegio.

el gimnasio - la biblioteca - el comedor
las aulas - el laboratorio - el patio
los servicios - la sala de informática

1. .... b ....
2. .... e ....
3. .... mn ....
4. .... m ....
5. .... au ....
6. .... bl ....
7. .... a ....
8. .... a .... de .... f .... át ....

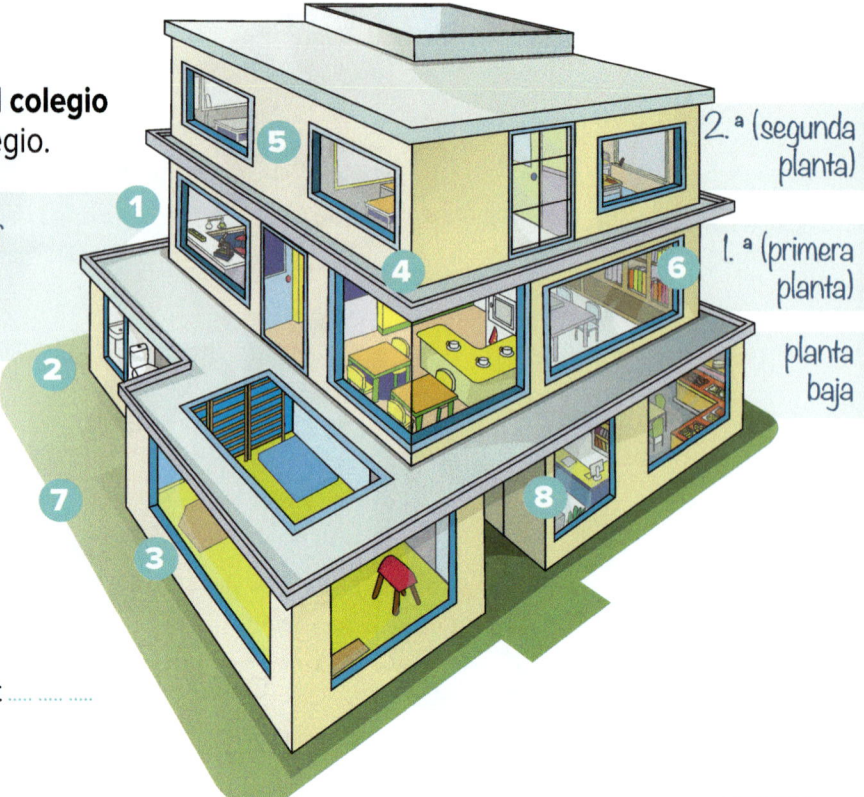

2.ª (segunda planta)
1.ª (primera planta)
planta baja

2. Descubro el género y el plural

a. Completo la explicación con ejemplos de la actividad anterior.

Los sustantivos

1. Son **masculinas** las palabras que terminan en *–o* y en *–or*: el ...., el comedor.

2. Son **femeninas** las palabras que terminan en *–a*: la ....

3. Si la palabra termina en vocal (–o, –a o –e), el **plural** termina en *–s*: los ....

4. Si la palabra termina en consonante (–l, –r...), el **plural** termina en *–es*: los ordenadores.

3. Hablo de mi colegio o instituto

Respondo a las preguntas.

1. ¿Tu instituto tiene laboratorio?
2. ¿Y biblioteca?
3. ¿Cuántas aulas tiene?
4. ¿Tiene sala de informática?
5. ¿Cuántos ordenadores tiene?

b. Completo con el artículo adecuado y elijo la opción correcta.

El artículo determinado

	masculino	femenino
singular	el	la
plural	los	las

El artículo determinado se usa para hablar de personas o cosas específicas, que conocemos.

1. En .... aulas del instituto hay muchos *ordenador/ordenadores*.
2. .... laboratorio tiene un *microscopio/microscopios*.
3. .... biblioteca tiene *libro/libros* de español.
4. En .... comedor hay muchas *persona/personas*.
5. En .... aula de español está la *profesora/profesoras*.

Secuencia 2 — Describo mi colegio

Estoy en mi colegio 2

1 Descubro las expresiones para situar
Observo dónde está el lápiz y leo la información.
Luego, escucho a mi profesor para poner mi lápiz y mi sacapuntas.

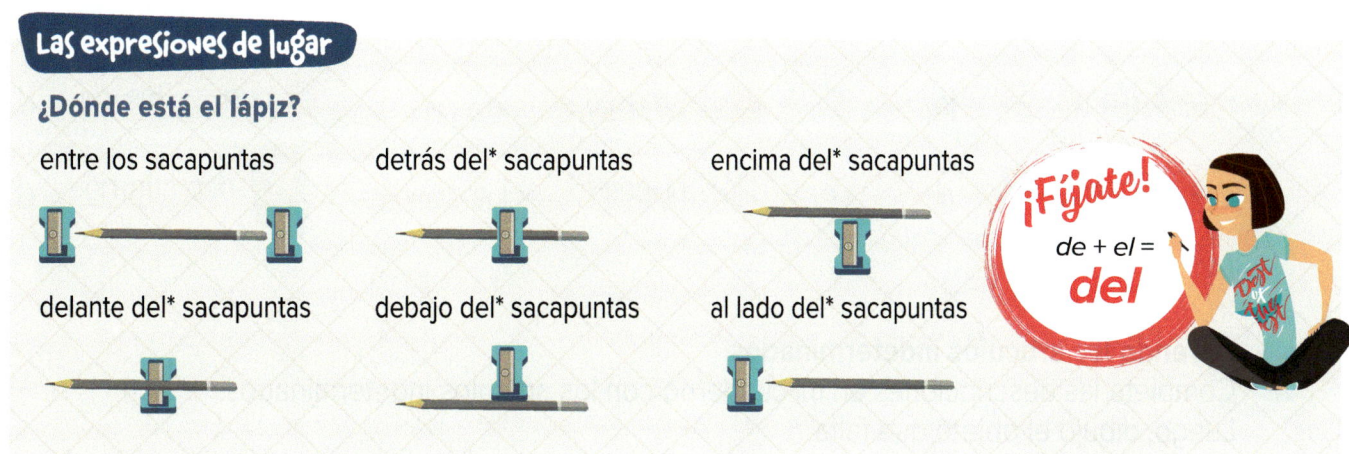

Las expresiones de lugar

¿Dónde está el lápiz?

- entre los sacapuntas
- detrás del* sacapuntas
- encima del* sacapuntas
- delante del* sacapuntas
- debajo del* sacapuntas
- al lado del* sacapuntas

¡Fíjate! de + el = **del**

2 Leo y aprendo el verbo *estar*
Leo lo que dice Ana y completo el verbo *estar*.

	estar
(yo)	
(tú)	estás
(él, ella, usted)	
(nosotros, nosotras)	estamos
(vosotros, vosotras)	estáis
(ellos, ellas, ustedes)	

Estoy en la biblioteca de mi colegio. Los libros en español *están* aquí y aquí *está* el *Quijote*, el libro más famoso en español.

3 Describo mi cole

a. Observo el colegio de la página 26, copio y completo este texto en mi cuaderno. Luego, subrayo las opciones correctas.

b. Con mis compañeros, redacto una entrada de blog, describo mi colegio y hago un dibujo.

www.nuestroblog.es

Abajo está .... *gimnasio/laboratorio*, ... de la entrada y .... de los servicios. Entre el laboratorio y *la secretaría/la biblioteca* está el .... La sala de informática está .... de la entrada. Delante de los servicios está .... *gimnasio/laboratorio*. La biblioteca también está en .... *primero/primera* planta, ... del comedor. El comedor está .... la biblioteca .... el laboratorio. Las aulas están .... la segunda .... Yo estudio en el aula 3, ... del laboratorio.

Secuencia 3 — Hablo de mi mochila

1. Conozco los nombres de los objetos de clase
Ordeno las sílabas y descubro el nombre de estos objetos.

ga-pe-to-men	el pegamento	je-ras-ti	las	pa-ra-gra-do	la ....
gla-re	la	ma-go	la	pun-sa-tas-ca	el ....
bro-li	el	pi-ces-lá	los	der-cua-no	el ....

2. Aprendo los artículos indeterminados
Completo las descripciones en mi cuaderno con los artículos indeterminados. Luego, dibujo el objeto que falta.

El artículo indeterminado

	masculino	femenino
singular	un	una
plural	unos	unas

El artículo indeterminado se usa para hablar de personas o cosas no específicas.

¡Fíjate! El *sacapuntas* es singular.

1. Hay .... lápices, libros, cuadernos, grapadora y sacapuntas.

2. Hay .... cuaderno, tijeras, grapadora, lápices, sacapuntas y regla.

3. Hay .... lápices, cuadernos, libros, tijeras, grapadora y sacapuntas.

3. Describo mi mochila
Contesto a la pregunta.
- ¿Qué hay en mi mochila?
- En mi mochila hay unas tijeras...

¡Fíjate! *Tijeras* va en **plural**.

Secuencia 4 — Describo mis objetos

Estoy en mi colegio 2

1. Conozco los nombres de los colores
Identifico y escribo en mi cuaderno los nombres de los colores.

azul
gris   blanco
amarillo   marrón
morado   rojo
naranja   verde
negro   rosa

2. Aprendo a usar los adjetivos
Observo y completo la regla.

> En mi estuche tengo tres lápices azul**es**, dos lápices roj**os**, un lápiz amarill**o** y un lápiz naranja. Tengo también una regla amarill**a**, una regla naranja y unas reglas roj**as**.

Los adjetivos

1. Terminan en –o, –a, –e o en consonante y concuerdan con los nombres en género y número.

2. Los adjetivos terminados en –o cambian a .... con palabras femeninas.
   Ejemplos: el lápiz ...., la regla ....

3. Los adjetivos terminados en –a, –e o en consonante no cambian con palabras femeninas.
   Ejemplos: el lápiz ...., la regla ....

4. Los adjetivos hacen el plural en .... o en ....

3. Digo los colores de los lápices
a. Observo y describo, como en el modelo.

Hay tres lápices amarillos.

b. Marco el lápiz de mi color favorito, pregunto a mis compañeros para descubrir el color favorito de la clase.

¿Cuál es tu color favorito?

¡Fíjate!
Las palabras, como *lápiz*, terminadas en –z cambian a –c en el plural: *lápices*.

Unidad 2 • Instantes 1 • 29

Secuencia 5 — Identifico mis objetos

¡Fíjate!
El mapa es una palabra terminada en *–a*, pero masculina, como *el problema*, *el tema*.

 **Conozco los nombres de objetos para estudiar**
Leo la descripción e identifico estas palabras.

mapa - mesa - mochila
papelera - pizarra - silla

Aquí estudio yo. Encima de la silla está mi libro rojo y la *tablet*, al lado de la silla, mi mochila azul con mis libros. Delante de la silla está la mesa y después está la pizarra digital con un mapa de España. Debajo de la mesa está la papelera, siempre con muchos papeles amarillos.

 Aprendo a describir un aula* 🎧(11)
Escucho y completo las descripciones de las aulas.

¡Fíjate!
El aula es una palabra femenina, pero va con *el*: *el aula, las aulas*.

1. En mi clase hay una .... digital y un ordenador. El .... está encima de la mesa del profesor. Al lado de la mesa del profesor hay una .... En mi clase no hay wifi.

2. Mi clase es pequeña. Hay una pizarra y un .... de mi país. El mapa está en la pared. En la mesa del profesor hay unos .... y debajo, una .... En mi clase hay wifi.

Identifico los objetos
Primero, relaciono: ¿qué hay y no hay en mi aula de español? Luego, escribo tres frases en mi cuaderno.

1. En mi aula hay…
2. En mi aula no hay…

○ un ordenador.
○ una pizarra digital.
○ un mapa del mundo.
○ muchas mesas.
○ muchas sillas.
○ una papelera.

Hablar de existencia y no existencia

En mi estuche **hay** una goma.
En mi mesa **hay** (unos) bolígrafos.
En mi mochila **no hay** lápices.

En mi aula hay una pizarra digital.

Estoy en mi colegio 2

Secuencia 6 — Explico qué hay en mi aula

1. Comprendo una descripción
Leo y completo esta descripción del aula de Pablo.

> Hola, soy Pablo y en mi _____ de español hay una pizarra digital y hay ordenadores. Los ordenadores de los estudiantes están encima de las _____ y hay un ordenador encima de la mesa del profesor. La papelera está debajo de la mesa del profesor. En las _____ de mis compañeros hay bolígrafos, lápices, gomas y rotuladores.

2. Aprendo y practico la diferencia entre *hay* y *está(n)*
Copio en mi cuaderno en azul las palabras que en la descripción van con *hay* y en rojo las que van con *está(n)* y completo la ficha con los ejemplos. Después, completo las frases con *hay* o *está(n)*.

La existencia y localización

Hay	un/una/unos/unas uno/dos/tres...	+ sustantivo
	Ø	+ sustantivo plural
El/La Los/Las	+ sustantivo	está(n)

Ejemplos: _____

3. Describo mi aula de español
Respondo a un amigo en mi cuaderno y describo mi aula.

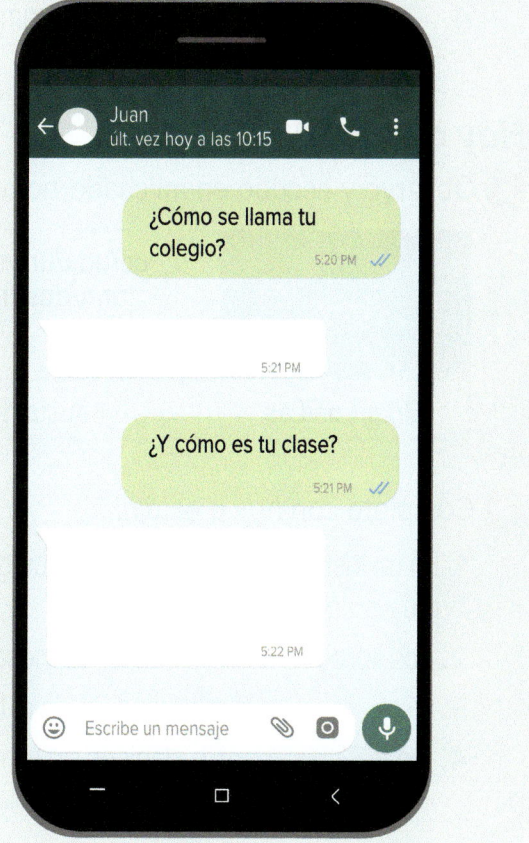

1. _____ un ordenador encima de la mesa del director.
2. En el laboratorio _____ una pizarra digital.
3. El laboratorio _____ en la primera planta.
4. En la mochila de Cristóbal _____ unas tijeras.
5. Los libros _____ debajo de la mesa del profesor.
6. En el estuche no _____ lápices de colores.
7. El diccionario _____ encima de la silla.
8. _____ papeles en la papelera.

Gramática

1 Los artículos

a Observo el cuadro y busco un ejemplo de cada artículo en la unidad.

	Los artículos			
	Determinado		Indeterminado	
	masculino	femenino	masculino	femenino
Singular	el	la	un	una
Plural	los	las	unos	unas

b Subrayo el artículo adecuado.

1. Hay *un/una* biblioteca en mi instituto.
2. *La/Las* reglas están encima de la mesa.
3. Hay *un/una* estuche en la mochila.
4. Hay *un/una* microscopio en el laboratorio.
5. *El/Los* cuadernos están debajo de la mesa.
6. Hay *un/unos* lápiz en el estuche.
7. *El/Los* diccionario está en mi mochila.
8. Hay *un/unos* bolígrafos delante de la mesa.

c Copio en mi cuaderno y completo con el artículo adecuado.

1. _____ aulas están en el segundo piso.
2. _____ biblioteca está en la primera planta.
3. Hay _____ mochilas en el patio.
4. _____ comedor está en la primera planta.
5. _____ regla está en la mesa.
6. Hay _____ papeles en la papelera.
7. _____ libros están en la biblioteca.
8. En el estuche hay _____ bolígrafos.

2 Hay o está(n)

a Observo y escribo en mi cuaderno un ejemplo con *hay* y otro con *está(n)*.

Hay	un/una/unos/unas uno/dos/tres...	+ sustantivo
	+ sustantivo plural	
El/La/Los/Las	+ sustantivo	está(n)...

b Completo con *hay* o *está(n)*.

1. En mi instituto _____ un gimnasio muy grande.
2. Los libros _____ en la mesa de Álvaro.
3. _____ un microscopio en el laboratorio.
4. No _____ lápices en mi mochila.
5. El diccionario _____ en la biblioteca.
6. El aula de español _____ en la segunda planta.
7. La profesora _____ en clase.
8. Los cuadernos _____ en la mesa del profesor.

Estoy en mi colegio 2

3 El género y el número de los adjetivos

a Observo y escribo en mi cuaderno un adjetivo de cada tipo.

Los adjetivos		
Los adjetivos terminados en –o... el lápiz rojo	... cambian en femenino a –a la regla roja	... y hacen el plural +s los lápices rojos
Los adjetivos terminados en –a, –e... el lápiz naranja/verde	... no cambian en femenino la regla naranja/verde	... y hacen el plural +s los lápices naranjas/verdes
Los adjetivos terminados en consonante... el lápiz gris	... no cambian en femenino la regla gris	... y hacen el plural +es los lápices grises

b Elijo la opción correcta y completo las frases.

1. Hay *un/una* papelera en todas las _____.
2. En *el/la* mochila hay _____ de colores.
3. *Los/Las* alumnos comen en el _____.
4. *El/La* clase tiene una _____ digital.
5. Hay *unos/unas* gomas encima de la _____ del profesor.
6. *El/Los* ordenadores están _____ de las mesas.

4 El presente de indicativo

Completo con el verbo en la forma adecuada.

1. Los alumnos _____ *(dibujar)* un mapa en la pizarra.
2. Sonia y Rubén _____ *(escribir)* un poema en el ordenador.
3. La profesora _____ *(borrar)* los ejercicios con una goma.
4. Carlos _____ *(escuchar)* música en su móvil.
5. En el recreo mis compañeros y yo _____ *(hablar)* con la profesora.

5 Expresiones de lugar

Observo y elijo la opción correcta.

1. El balón de fútbol está *delante/detrás* del ordenador.
2. El balón de fútbol está *delante/al lado* del ordenador.
3. El ordenador está *detrás de/entre* los dos balones de fútbol.
4. El balón de fútbol está *al lado/detrás* del ordenador.
5. El balón de fútbol está *debajo/encima* del ordenador.

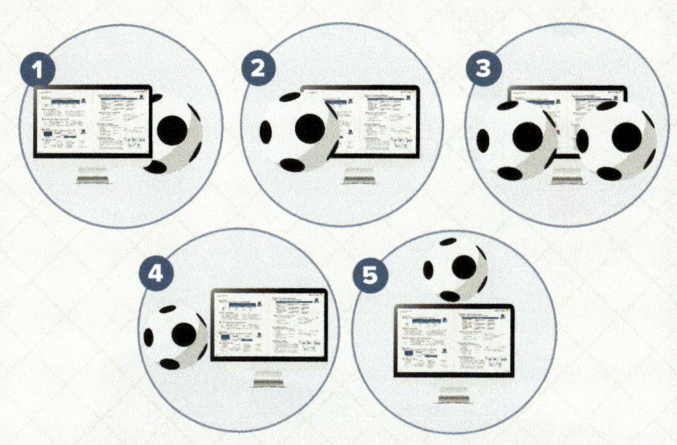

Mi diccionario visual

Describo mi colegio

El material escolar

- la regla
- el pegamento
- el cuaderno
- el lápiz
- la g........
- las tijeras
- el l........
- el sacapuntas

Los colores

- azul
- blanco
- n........
- negro
- verde
- marrón
- r........
- gris
- amarillo

Los lugares de mi colegio

el labor....torio

el gi....nasio

la bibli....teca

el com....dor

el au....a

el pa....io

los serv....cios

la sala de inf....rmática

Estoy en mi colegio 2

Objetos que hay en el aula

- la USB
 el m_ic_ros_c_o_io
 el o_r_de_n_ad_o_r
 la p_a_p_el_e_r_a
 las b_a_nd_e_j_a_s de c_o_m_i_d_a
- la piza_rr_a
- el b_a_ló_n_ de b_a_lo_n_ce_s_to
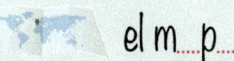 la es_t_a_n_te_r_ía
- el m_a_p_a
- la mesa
 la s_i_ll_a

1 Completo mi diccionario visual

Veo, completo las palabras o hago un dibujo.

2 Juego con palabras

Escribo las palabras en el aula correcta lo más rápido posible. Gana quien lo hace antes.

USB • microscopio • ordenador
papelera • bandejas de comida • pizarra • balón de baloncesto • estanterías • mesa • silla • mapa

Laboratorio

Gimnasio

Sala de informática

Aula

Biblioteca

Comedor

Nuestro proyecto
Animales del mundo
Conecto con Biología

1 Antes de leer

a. Identifica los nombres de los continentes.

- FARICÁ
- COENAÍA
- CRÉAMIA
- SAIA
- RUPOEA

b. Relaciona y completa las frases.

anfibio · ave · insecto · pez · reptil · mamífero

- El loro es un a ....
- La rana es un a ....
- La mosca es un i ....
- El tiburón es un p ....
- La serpiente es un r ....
- El perro es un m ....

 www.animales.es

INICIO

¿Cuántos seres vivos hay en la Tierra?

Los biólogos estudian 1 770 000 especies de plantas y animales en el mundo, pero saben que hay más de 8 000 000. Muchos animales y plantas viven en el fondo de los océanos y allí el hombre no puede estar.

Hay más de 1 277 000 animales. Los insectos son el grupo más grande, hay más de 1 000 000 de especies. Las aves son el segundo grupo, hay más de 9 000 diferentes.

Estoy en mi colegio 2

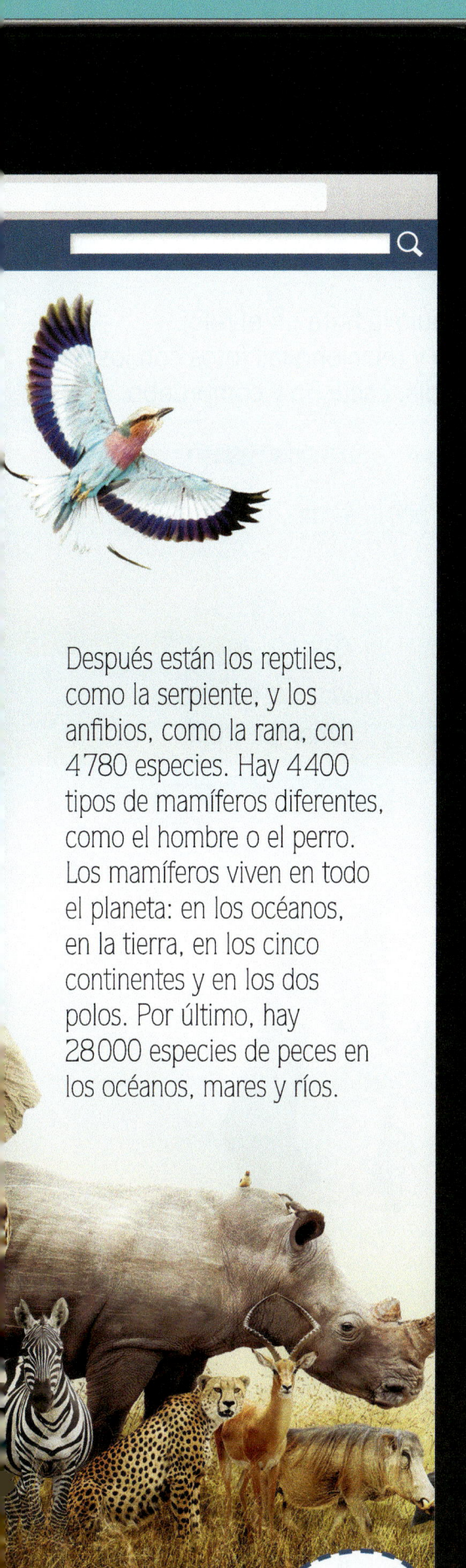

Después están los reptiles, como la serpiente, y los anfibios, como la rana, con 4780 especies. Hay 4400 tipos de mamíferos diferentes, como el hombre o el perro. Los mamíferos viven en todo el planeta: en los océanos, en la tierra, en los cinco continentes y en los dos polos. Por último, hay 28000 especies de peces en los océanos, mares y ríos.

2 Leo el texto

a. Ordeno por número de especies y escribo el número.
anfibios - aves - insectos - mamíferos - peces - reptiles

b. Indico en qué continente vive cada animal.

- el canguro ·····▶ Oceanía
- el camello ·····▶ ....
- el gorila ·····▶ ....
- el oso panda ·····▶ ....
- el lince ·····▶ ....
- el cóndor ·····▶ ....
- la llama ·····▶ ....
- el koala ·····▶ ....
- el conejo ·····▶ ....
- la cebra ·····▶ ....
- el puma ·····▶ ....
- la jirafa ·····▶ ....

c. Escucho y compruebo. 🎧 12

3 ¿Qué sé sobre los animales?

Leo esta información y señalo verdadero (V) o falso (F).

V F
☐ ☐ Las cebras son marrones y blancas.
☐ ☐ La llama vive en los Andes.
☐ ☐ Hay canguros en América.
☐ ☐ No hay conejos en España.
☐ ☐ Los camellos viven en los polos.
☐ ☐ El oso panda vive en África.
☐ ☐ Hay muchas especies de insectos.

4 Ahora nosotros

¿Tienes mascota? Describimos las mascotas o los animales favoritos de la clase.

Evalúo mis conocimientos en...
AulaVirtual

Unidad 3

Organizo mi horario

Identifico los momentos del día

👁 Respondo y dibujo la hora en el reloj. Luego, observo y relaciono las fotos con los momentos del día, escucho y compruebo. 🎧 13

- por la mañana
- a media mañana
- a mediodía
- por la tarde
- por la noche

¿Qué hora es?

Carlos

Son las diez y media. En el recreo tomamos fruta.

17 890 visualizaciones
503 comentarios

Susanita. Me encanta tu actitud. Sigue así. Comer fruta es muy sano y muy refrescante.

Competencias del siglo XXI

🌎 *Maneras de vivir el mundo: ciudadanía*
Es importante ser activo en la convivencia. Después de realizar la unidad, me evalúo y pongo nota.

	1	2	3	4	5	6	7	8	9	10
Trato correctamente a todos mis compañeros.										
Trato con respeto a todos mis profesores.										
Respeto la vida social de mi colegio.										

contenido virtual

"Son las ocho y desayuno cereales."

"Son las dos y media, hora de comer."

"Mi comida favorita es la pasta con tomate."

"Son las cinco, descanso de los deberes y merendamos un dulce."

"Son las nueve y ceno con mi familia."

En esta unidad...

1. Digo la hora en español
2. Presento mi horario
3. Respeto las normas
4. Explico mis costumbres
5. Hablo de mi país
6. Cuento mis actividades extraescolares

... aprendo...

- Las preposiciones con valor temporal: *a*, *de*, *desde* y *hasta*
- Los verbos reflexivos y los irregulares: *jugar*, *ir*, *hacer* y *poder*
- Los adverbios de tiempo: *antes* y *después*
- Las expresiones de la hora: *y cinco*, *y media*, *menos cuarto*, *en punto*...
- Las partes del día: *mañana*, *tarde*, *noche*
- Las asignaturas: *Ciencias Sociales*, *Matemáticas*...
- Los verbos de acciones cotidianas: *levantarse*, *lavarse*, *jugar*, *ir*...

... para realizar...

Nuestro proyecto

Empatía

Pág. 50

Unidad 3 • Instantes 1 • 39

Secuencia 1 — Digo la hora en español

1. Comprendo cómo se dice la hora
Observo.

¡Fíjate!
- ¿Qué hora es?
- Es la una y diez.
- Son las dos/tres/cuatro... menos veinte.

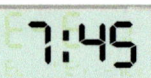
Son las ocho menos cuarto de la mañana.

Son las ocho y cuarto de la tarde.

Reloj: en punto / cinco / diez / cuarto / veinte / veinticinco / media / MENOS / Y

Son las tres y media de la tarde.

Partes del día
- 6:00 – 13:00 De la mañana
- 13:00 – 21:00 De la tarde
- 21:00 – 6:00 De la noche

2. Aprendo a decir la hora
a. Escucho y señalo a qué reloj corresponde. 🎧14

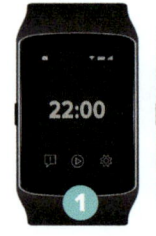   
1) 22:00   2) 20:50   3) 10:15   4) 14:30

b. Escribo la hora de cada reloj en mi cuaderno.

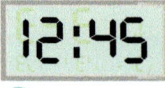  
1) 12:45   2) 21:10   3) 20:15

4) 12:25   5) 18:30

3. Digo la hora y los saludos
Relaciono los saludos con las partes del día. Digo la hora, subrayo las opciones correctas y, con mis palabras, explico cómo es en mi país.

1) Buenas noches   2) Buenas tardes   3) Buenos días

① 18:45   Son las _____
En español digo de la *mañana/tarde/noche* y saludo con *buenos días/buenas tardes/buenas noches*. En mi país digo…

② 12:30   Son las _____
En español digo de la *mañana/tarde/noche* y saludo con *buenos días/buenas tardes/buenas noches*. En mi país digo…

③ 21:15   Son las _____
En español digo de la *mañana/tarde/noche* y saludo con *buenos días/buenas tardes/buenas noches*. En mi país digo…

Secuencia 2 — Presento mi horario

Organizo mi horario 3

1 Reconozco las asignaturas
Relaciono cada asignatura con la imagen.

Educación Física   Francés
Música   Educación Plástica
Inglés
Matemáticas   Ciencias Sociales
Lengua y Literatura
Tecnología   Ciencias de la Naturaleza

2 Aprendo a explicar el horario
a. Leo, completo con las palabras que faltan y relleno el horario de clase.

Este año tenemos Lengua el lunes, el miércoles y el viernes a .... ocho y media .... la mañana, a primera hora. El martes y el jueves a primera hay Tecnología. Inglés es .... lunes, el miércoles y el viernes a las nueve y veinticinco y el martes y el jueves a esa hora hay Música. El lunes, el miércoles y el viernes, Educación Física antes del recreo. Después del recreo tenemos Sociales .... lunes, el jueves y el viernes, y Naturales el martes y el miércoles. También hay Naturales el jueves .... la una .... veinticinco. A esa hora, el lunes, el miércoles y el viernes tenemos Matemáticas y el jueves .... las diez y veinte. Plástica, mi asignatura favorita, es .... martes .... las diez y veinte .... la mañana y el miércoles a última hora. El martes y el jueves a última hora unos alumnos tienen Religión y otros una hora de estudio y las otras son clases de Francés.

Horario de clase

	LUNES	MARTES	MIÉRCOLES	JUEVES	VIERNES
8:30					
9:25					
10:20					
	Recreo	Recreo	Recreo	Recreo	Recreo
11:40					
12:35					
13:30					

3 Digo el horario de mi asignatura favorita
Digo cuáles son mis asignaturas favoritas y explico qué día y a qué hora tengo clase.

> Mi asignatura favorita es Literatura. Tengo Literatura el lunes a las 10:00, el miércoles a las 9:00 y el jueves a las 11:30.

Unidad 3 · Instantes 1 · 41

Secuencia 3 — Respeto las normas

1. Descubro las normas del colegio

a. Leo el reglamento e identifico las normas.

NORMAS DEL COLEGIO

1. En el recreo jugamos todos con respeto.
2. También puedo comer un bocadillo, pero no tiro papeles en el patio.
3. No puedo correr por el pasillo, solo corro en el gimnasio.
4. Si hay un compañero nuevo, hablo con él y hacemos actividades juntos.
5. No puedo usar mi móvil en clase ni escribir mensajes.
6. No puedo tirar papeles al suelo, tiro los papeles en la papelera.
7. No puedo molestar a un compañero.
8. No puedo beber en clase, bebemos en el recreo.

b. Identifico y clasifico los verbos.

Los verbos

-ar	-er	-ir
		ir

2. Aprendo los verbos irregulares

Leo el diálogo, observo estos verbos irregulares y completo el cuadro con las formas que faltan.

- Hola, Andrés. ¿Qué haces?
- Juego con el móvil.
- ¿Y a qué juegas?
- A un juego de fútbol, al FIFA.
- ¡Qué guay! ¿Puedo jugar contigo?
- ¡Vale, jugamos juntos!

Los verbos irregulares

	jugar	hacer	poder	ir
(yo)		hago		voy
(tú)			puedes	vas
(él, ella, usted)	juega	hace	puede	
(nosotros, nosotras)			podemos	
(vosotros, vosotras)	jugáis	hacéis	podéis	vais
(ellos, ellas, ustedes)	juegan			van

3. Utilizo los verbos

Completo las frases con el verbo en la forma correcta. Luego, señalo dónde hago las actividades (hay varias opciones). Después, escribo tres actividades que hago en cada lugar.

En el aula	En el recreo	En casa

1. Rebeca .... (hacer) los deberes de español.
2. Manuel .... (jugar) con sus amigos.
3. Antonio y Sergio .... (jugar) al baloncesto.
4. Sandra .... (ir) al servicio.
5. Marcos y yo .... (hacer) deporte.

Secuencia 4

Explico mis costumbres

Organizo mi horario 3

1. Descubro los verbos
Leo y relaciono las frases con las fotos.

a. Me voy a la cama un poco después de las once, leo y me duermo a las once y media. ○

b. Ceno con mi familia a las nueve de la noche. ○

c. Después de desayunar, me lavo los dientes. ○

d. Me ducho a las ocho y cuarto de la tarde. ○

e. Después de cenar, vemos la tele. ○

f. Por la tarde, a las seis y media, juego al tenis. ○

g. Llego a casa a las tres y como con mi abuela. ○

h. Me levanto a las siete en punto de la mañana. ○

i. Por la tarde, después de comer, hago los deberes. ○

2. Aprendo los verbos reflexivos

a. Observo y completo en mi cuaderno el verbo *levantarse* y señalo más verbos con pronombre en las frases anteriores.

Los reflexivos

	levantarse
(yo)	me levant......
(tú)	...... levantas
(él, ella, usted)	se levanta
(nosotros, nosotras)	nos levant......
(vosotros, vosotras)	os levantáis
(ellos, ellas, ustedes)	se levant......

b. Completo las frases con los verbos que he marcado en la forma correcta.

1. Mis compañeros y yo .... las manos después de la clase de Educación Plástica.

2. Todos los días .... los dientes antes de ir a la cama.

3. Nosotros .... a la cama a las diez de la noche.

4. Mi profe .... después de la clase de Educación Física.

5. Todos mis compañeros de clase y yo .... a las siete de la mañana.

3. Explico mis actividades diarias
Comparo mis actividades con mis compañeros: ¿qué hago antes, a la misma hora o después?

> Mis compañeros se levantan a las siete, y yo me levanto antes, a las siete menos cuarto de la mañana y...

Secuencia 5 — Hablo de mi país

1. Conozco los horarios en España

a. Leo y señalo verdadero (V) o falso (F).

Horarios y costumbres

Los horarios y las costumbres de los españoles en las comidas son diferentes a otros países. Es frecuente desayunar antes de ir al colegio, a las siete y media, más o menos. La comida es más tarde que en otros países: entre las dos y las tres y media de la tarde. Si tienen clases por la tarde, muchos estudiantes españoles comen un menú en el colegio o en el instituto a las dos. Es la comida más importante del día. Comen dos platos y un postre. Los españoles también cenan más tarde que en otros países: entre las nueve y las diez de la noche. Se acuestan más o menos a las once de la noche.

V F
- ☐ ☐ Los horarios de los españoles son similares al resto de países.
- ☐ ☐ Los españoles comen antes de las dos de la tarde.
- ☐ ☐ Es común comer fuera de casa.
- ☐ ☐ Los españoles cenan antes de las ocho de la tarde.

b. Comprendo los horarios en el mundo. Escucho los horarios de estos chicos y tomo notas. Luego, elijo la opción adecuada.

1. En 🇪🇸 / 🇧🇷 desayunan a las siete y media.
2. En 🇮🇹 / 🇺🇸 y en 🇪🇸 / 🇧🇷 desayunan a las seis y media o siete.
3. En 🇪🇸 / 🇮🇹 la comida es entre las doce y media y las dos, en 🇪🇸 / 🇮🇹 es desde las dos hasta las tres y media.
4. En 🇪🇸 / 🇧🇷 la cena es a las ocho.

2. Aprendo *antes* y *después*

Observo los adverbios y completo las frases según la audición anterior.

Los adverbios de tiempo

Antes/Después (de)
- Me levanto a las 7:30. *Después*, a las 7:45, desayuno.
- *Antes de* ir a la cama, me lavo los dientes.

Antes/Después que
- En Brasil cenan *antes que* en España.
- Los españoles comen *después que* los italianos.

1. Los brasileños cenan .... que los españoles.
2. Los estadounidenses desayunan a las 6:30, pero los españoles desayunan ....
3. Los italianos cenan .... que los brasileños.
4. Los italianos comen .... que los españoles.
5. Los estadounidenses cenan .... que los brasileños.

3. Informo con mis palabras de los horarios de mi país

Elijo un país y respondo: ¿cómo es el horario de comidas?

Secuencia 6 — Cuento mis actividades extraescolares

Organizo mi horario 3

1. Conozco los nombres de las actividades extraescolares
Relaciono las actividades con las imágenes.

fútbol   taller de arte   clase de apoyo   clase de natación   baile

1. ....

2. ....

3. ....

4. ....

5. ....

2. Aprendo el vocabulario
Completo con las actividades anteriores.

1. Por las tardes tengo .... para mejorar en mis estudios.
2. Vamos a .... en la piscina del colegio el lunes y el viernes.
3. El martes y el jueves tengo ....: *ballet*, flamenco y salsa.
4. En el .... pintamos y, a veces, visitamos museos y vemos pinturas famosas.
5. Tres días por semana entreno al .... y los fines de semana jugamos partidos.

3. Cuento mis actividades extraescolares
¿Qué actividades extraescolares tenemos por las tardes? Completo con los horarios de mis compañeros.

LUNES	MARTES	MIÉRCOLES

JUEVES	VIERNES

Gramática

1 Las horas

a Observo el cuadro y respondo: ¿qué hora es?

Decir la hora

en punto	La/las... y...	La/Las... menos...
Es la una de la mañana. (01:00)	... **y** cinco. (01:05)	... **menos** veinticinco. (00:35)
Son las dos de la tarde. (14:00)	... **y** cuarto. (14:15)	... **menos** cuarto. (13:45)
Son las nueve de la noche. (21:00)	... **y** media. (21:30)	... **menos** diez. (20:50)

b Digo la hora que marcan estos relojes y señalo la hora que se indica, según el caso.

1. Son las siete y diez.   2.   3. Son las nueve menos diez.   4.

5.   6. Son las doce menos veinte.   7.   8. Es la una menos veinticinco.

2 Las preposiciones

a Observo el cuadro y escribo en mi cuaderno otros ejemplos con las distintas preposiciones.

	Preposición	Ejemplo	Mi ejemplo
Preposiciones para expresar tiempo	Ø + día de la semana	*El sábado y el domingo no tengo clase.*	
	A + *la/las* + hora + **de** + parte del día	*Estudio español **a** las diez **de** la mañana.*	
	Por + parte del día	***Por** la tarde no tengo clase.*	

b Elijo la opción adecuada.

1. *En/Ø* el martes no tenemos clase porque es fiesta.
2. El recreo es a las once *de/por* la mañana.
3. El jueves la clase de español es *a/de* las doce.
4. Entreno al fútbol *a/Ø* los martes y los jueves *de/por* la tarde.
5. La excursión es el viernes a las cinco *de/por* la tarde.
6. Mañana *en/por* la mañana tenemos un examen de español.
7. El partido de tenis es *en/Ø* el miércoles *a/Ø* las seis *de/por* la tarde.
8. El recreo termina *en/a* las once y media.

Organizo mi horario 3

3 Los verbos reflexivos

a Observo y escribo la forma de otro verbo reflexivo, como *ducharse*, *lavarse*...

	levantarse
(yo)	me levanto
(tú)	te levantas
(él, ella, usted)	se levanta
(nosotros, nosotras)	nos levantamos
(vosotros, vosotras)	os levantáis
(ellos, ellas, ustedes)	se levantan

b Copio en mi cuaderno y completo con el pronombre reflexivo.

1. Luis ____ ducha por las noches, pero Ana ____ ducha por las mañanas. Yo ____ ducho por las tardes.
2. ¿A qué hora ____ levantas? Yo ____ levanto todos los días a las 7:15.
3. ¿____ laváis los dientes después de comer?
4. Nosotras ____ secamos el pelo después de la ducha.
5. Los chicos ____ lavan las manos, porque la comida está preparada.

c Relaciono y formo frases.

Vosotras	se	peina	después del partido.
Yo	se	duchan	el pelo.
Ellos	nos	cepillamos	para ir al colegio.
Ana	os	levanto	a las 7:30.
Nosotros	me	laváis	los dientes tres veces al día.

4 Los verbos irregulares

a Observo. ¿Puedes decir la forma de *dormir*? ¿Conoces otros verbos similares?

	poder	jugar	hacer	ir
(yo)	puedo	juego	hago	voy
(tú)	puedes	juegas	haces	vas
(él, ella, usted)	puede	juega	hace	va
(nosotros, nosotras)	podemos	jugamos	hacemos	vamos
(vosotros, vosotras)	podéis	jugáis	hacéis	vais
(ellos, ellas, ustedes)	pueden	juegan	hacen	van

contenido virtual

b Copio en mi cuaderno y completo.

1. En mi clase no ____ *(poder, nosotros)* usar el móvil.
2. Yo ____ *(hacer)* los deberes por las tardes.
3. ¿A qué hora ____ *(ir, vosotros)* a clase de apoyo?
4. Profe, ¿ ____ *(poder, yo)* ir al servicio?
5. Mis compañeros y yo ____ *(jugar)* al fútbol en el recreo.
6. La clase de Arte ____ *(ir)* al museo el viernes.
7. ¿Qué ____ *(hacer, tú)* el miércoles por la tarde?
8. El equipo de mi clase ____ *(jugar)* el domingo por la mañana.

Organizo mi horario 3

Las asignaturas

- 🌱 Ciencias de la Naturaleza
- Ciencias Sociales
- ⚽ Educación ....
- 🎨 .... Plástica
- F Francés
- Inglés
- 📖 Lengua y ....
- ➰ Matemáticas
- 🎵 Música
- 💻 Tecnología

Las actividades

- ⏱ levantarse
- 🛁 lavarse
- desayunar
- 🎒 ir a clase
- 🍽 comer
- hac**e**r los deberes (c > g)
- 🍎 mer**e**ndar (e > ie)
- 🟡 j**u**gar (u > ue)
- 🖥 ver la tele
- 📖 leer
- 🥣 cenar
- d**o**rmir (o > ue)

1 Completo mi diccionario visual

Veo, completo las palabras que faltan o hago un dibujo.

2 Juego con las palabras

Juego con mis compañeros al dominó.

Meriendo un bocadillo a las cinco y media.

Me acuesto a las once de la noche.

Me ducho por la mañana.

El recreo es a las 10 y juego con mis amigos.

Nuestro proyecto: Empatía
Conecto con Valores

- Estoy alegre si un compañero está alegre.
- Estoy triste si un compañero está triste.
- Entiendo los problemas de otra persona.
- Ayudo si un compañero tiene un problema.

EMPATÍA

1. Descubro la empatía

Observo y anoto más frases. Luego, digo con mis palabras qué es la empatía.

contenido virtual

Organizo mi horario **3**

2 Reflexiono y comparto

Relaciono las frases y las fotos.

Escucho a mis compañeros.

a. Si un compañero está triste o tiene un problema, …
b. Si un compañero está solo, …
c. Si otros estudiantes molestan a un compañero, …
d. Si un compañero tiene problemas en clase, …

I. le ayudo con los deberes.
II. hablo con los profesores.
III. comprendo sus sentimientos.
IV. hablo con él y le escucho.

Comprendo los sentimientos de otra persona.

3 Reflexiono sobre la convivencia

Observo y digo si puedo (P) o no puedo (X) hacer estas cosas.

Si una compañera sufre ciberacoso…

P X
☐ ☐ puedo hablar con ella.
☐ ☐ puedo estar en silencio.
☐ ☐ puedo hablar con los profesores.
☐ ☐ puedo reconocer su problema.

Comparto.

4 Ahora nosotros

En grupos, elegimos y explicamos un problema, y damos soluciones.

Evalúo mis conocimientos en…
AulaVirtual

Unidad 4

Hablo de mi gente

Describo a mi familia

👁 Observo las fotos, leo las descripciones y las relaciono. Luego, señalo: ¿cuál de estas fotos se parece más a mi familia? ¿Por qué?

a. Nosotros somos los González y en mi familia hacemos muchas cosas juntos. En el cumpleaños de mi abuelo, estamos mi hermana, mi prima, mis padres, mis tíos y yo.

b. Nosotros somos dos, mi madre y yo, y vivimos en un apartamento en el centro de la ciudad.

c. Mi madre y su novio me ayudan con los deberes por la tarde.

d. En mi familia somos cinco: mi padre, mi madre, mis dos hermanos pequeños y yo. Vivimos en una casa muy bonita.

e. Somos la familia Rodríguez y somos cuatro: mis padres, mi hermana y yo. Muchos fines de semana charlamos por el ordenador con mis abuelos. Viven en otra ciudad.

f. En casa somos cinco: mis padres, mis dos hermanas y yo.

3

Competencias del Siglo XXI

 Maneras de pensar: aprender a aprender
¿Qué puedo aprender en mi familia? Respondo a las preguntas.

Con mis abuelos...

¿Qué puedo aprender de mis abuelos? ¿Los escucho con frecuencia?

Con mis padres...

¿Qué aprendo de mis padres todos los días?

Con mis hermanos...

¿Qué puedo aprender de mis hermanos? ¿Y qué les puedo enseñar?

En esta unidad...

1. Conozco la familia
2. Hablo de mi familia
3. Describo a una persona
4. Adivino de quién hablan
5. Digo cómo son mis amigos
6. Informo de mi chico o chica ideal

... aprendo...

- Los adjetivos posesivos: *mi, tu, su, nuestro, vuestro* y *su*
- Los verbos *ser, tener* y *llevar*
- Los adverbios *muy, bastante, poco* y *nada*
- El género y el número de los adjetivos

- Las relaciones familiares: *padre, madre, hijo, abuelo...*
- La descripción física de personas: *rubio, moreno, alto...*
- Los adjetivos de carácter: *simpático, inteligente...*

... para realizar...

Nuestro proyecto

Vida en otros planetas

Pág. 64

contenido virtual

Secuencia 1 — Conozco la familia

1. Comprendo y descubro los apellidos en español

a. Leo y respondo a las preguntas.

Los apellidos en español

En España y en la mayoría de los países hispanoamericanos todas las personas tienen dos apellidos. El primero es el primer apellido del padre y el segundo es el primer apellido de la madre. Estos dos apellidos siempre están en todos los documentos (DNI o pasaporte). Cuando los españoles se casan, nunca cambian de apellidos, tienen siempre los mismos. Muchos apellidos españoles terminan en *-ez* (López, González, Rodríguez...). En su origen es 'hijo de', así *Rodríguez* es 'hijo de Rodrigo'; *González*, 'hijo de Gonzalo'.

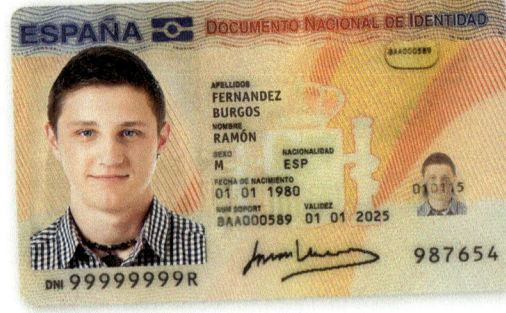

1. ¿Cuántos apellidos tienen los españoles?
2. ¿Cuál es normalmente el primer apellido, el de la madre o el del padre?
3. ¿Cuántos apellidos se escriben en los documentos oficiales?
4. ¿Qué significa originariamente la terminación *–ez*?
5. ¿Cómo es en tu país?

b. Escribo en mi cuaderno los apellidos de Ramón y su familia.

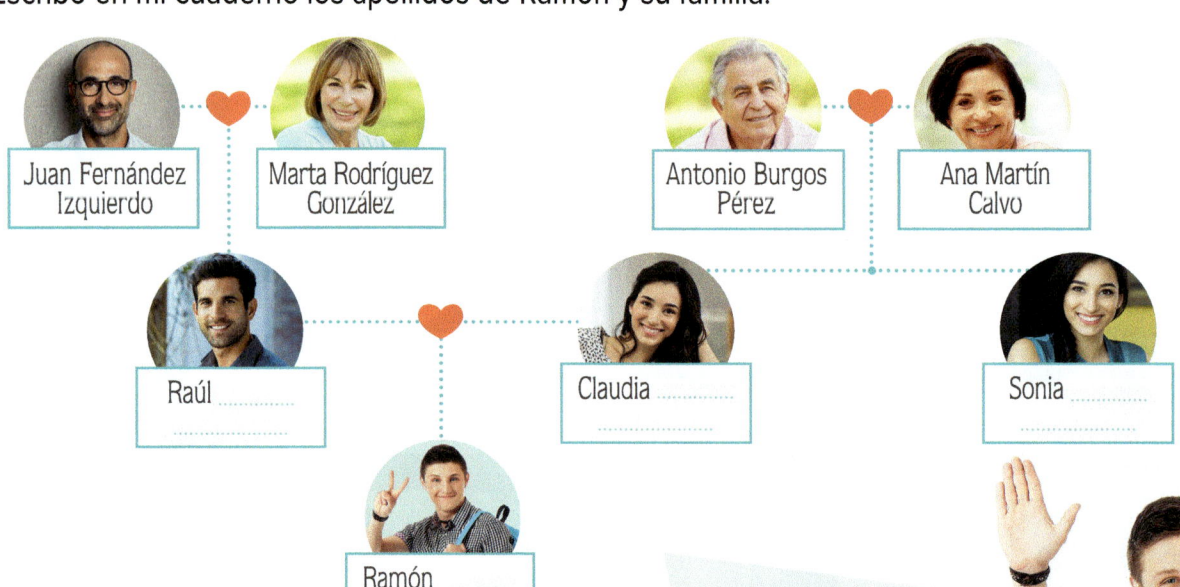

Juan Fernández Izquierdo — Marta Rodríguez González — Antonio Burgos Pérez — Ana Martín Calvo

Raúl .... Claudia .... Sonia ....

Ramón ....

2. Aprendo los nombres de las relaciones familiares

Leo y señalo verdadero (V) o falso (F).

V F
- ☐ ☐ El padre de Ramón se llama Raúl.
- ☐ ☐ Ana y Antonio tienen dos hijas: Claudia y Sonia.
- ☐ ☐ Juan es el hijo de Ramón.
- ☐ ☐ Ramón tiene un hermano.
- ☐ ☐ La mujer de Raúl se llama Sonia.

3. Hablo de la familia

Pienso en tres frases más sobre la familia de Ramón, como las de la actividad anterior. Mi compañero dice si son verdaderas o falsas.

Secuencia 2 — Hablo de mi familia

1. Aprendo los posesivos

a. Observo y completo en mi cuaderno el esquema.

Los posesivos

	singular		plural	
(yo)	.... (padre/madre)		.... (abuelos/abuelas)	
(tú)	**tu** (hermano/hermana)		**tus** (tíos/tías)	
(él, ella, usted)	.... (marido/mujer)		**sus** (hijos/hijas)	
(nosotros, nosotras)	**nuestro** (padre)	.... (madre)	.... (tíos)	.... (primas)
(vosotros, vosotras)	**vuestro** (hermano)	**vuestra** (hermana)	**vuestros** (primos)	**vuestras** (tías)
(ellos, ellas, ustedes)	.... (hijo/hija)		**sus** (abuelos/abuelas)	

b. Completo en mi cuaderno la descripción de Ramón con los posesivos correctos.

> Hola, soy Ramón, Ramón Fernández Burgos, y os voy a presentar a .... familia. .... padre se llama Raúl y .... padres, es decir, ... abuelos, son Juan y Marta. Son muy simpáticos. .... madre se llama Claudia. Ella y .... hermana, ... tía Sonia, son de Barcelona. .... padres, los abuelos Antonio y Ana, viven en Barcelona. .... tía Sonia está soltera y yo soy .... sobrino. Y tú, ¿cómo es .... familia?

2. Leo y practico el léxico de la familia
Adivino quién es.

1. Él es mi padre y ella es mi madre, soy su ....
2. El padre de mi padre es mi ....
3. La hija de mis abuelos es mi ....
4. La hermana de mi padre o de mi madre y su marido son mis ....
5. La hija de mi abuelo y del abuelo de mi hermana es nuestra ....
6. Las hijas de nuestros tíos son nuestras ....

3. Hago un árbol genealógico

Mi compañero describe a su familia y yo dibujo su árbol genealógico. Luego, yo describo a mi familia. Podemos hacer un cartel para la clase.

Secuencia 3 — Describo a una persona

1. Leo y descubro las palabras para describir a una persona
Relaciono las descripciones con la foto.

Estos son mis profesores:

1. Sara es pelirroja. Lleva el pelo largo y liso. No es muy alta y es delgada. Es mi profesora de Educación Artística y Visual. Es muy guapa y muy simpática. ○

2. Berta es baja y tiene el pelo rubio y muy rizado. Es mi profesora de Ciencias de la Naturaleza. Es seria, pero es muy buena profesora. ○

3. Mi profesor de Educación Física es alto y fuerte. Es muy moreno y lleva barba y bigote. Tiene los ojos negros. Se llama Paco. ○

4. El profesor de español se llama Ricardo. Es muy alto, tiene el pelo corto y castaño. Lleva gafas. ○

5. Y mi profesor de inglés es Harry. Es muy alto y un poco pelirrojo. Es muy simpático. ○

2. Aprendo a describir a una persona

a. Clasifico el vocabulario.

La descripción

	El pelo	Los ojos	Otras características
Color	castaño/a 		bigote
Forma	largo - - liso	negros marrones	gordo - - bajo

b. Observo los textos de la actividad 1 y completo la explicación.

Hacer descripciones

+	alto, bajo, delgado, gordo rubio, moreno, castaño
tener +	los ojos + negros, marrones
llevar +	el pelo + corto, largo, rizado

c. Elijo la opción correcta.

1. Mi hermano y yo somos iguales: los dos *somos/tenemos* castaños y *llevamos/tenemos* los ojos negros.
2. La actriz de la serie es muy guapa y *lleva/tiene* los ojos azules.
3. Normalmente no *llevo/tengo* gafas cuando hago deporte.
4. Lara *es/tiene* pelirroja y le gusta mucho bailar.
5. Mi padre *es/lleva* muy bajo, pero yo *soy/llevo* alto, como mi abuelo.
6. Yo *soy/llevo* gafas desde los 7 años.

3. Realizo mi retrato robot
¿Cómo soy?

Secuencia 4 — Adivino de quién hablan

Hablo de mi gente 4

1. Elijo una foto
Elijo un personaje de cada par y lo describo. ¿Adivina mi compañero quién es?

Dos cantantes: Ricky Martin, Alejandro Sanz
Dos actrices: Selena Gómez, Miley Cyrus
Dos deportistas: Garbine Muguruza, Paola Longoria

2. Aprendo a describir con más detalle
a. Leo e identifico de quién habla.

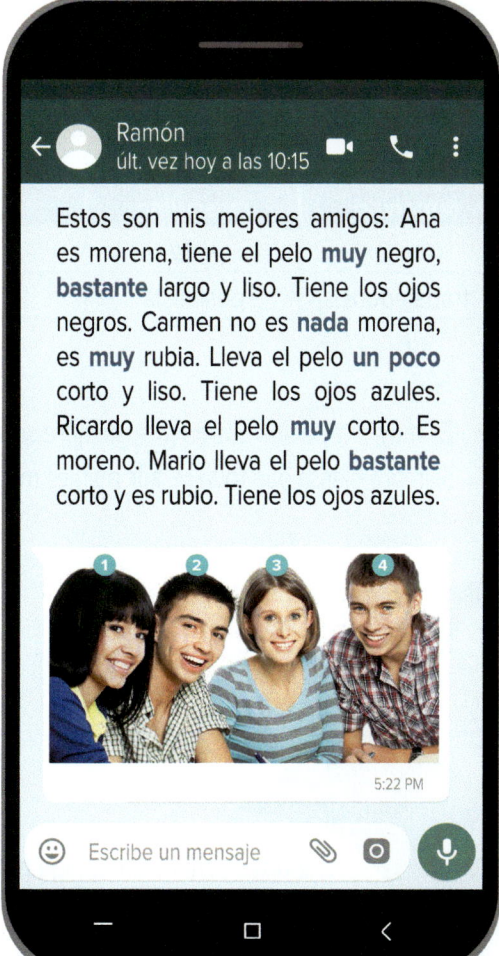

Ramón — últ. vez hoy a las 10:15

Estos son mis mejores amigos: Ana es morena, tiene el pelo **muy** negro, **bastante** largo y liso. Tiene los ojos negros. Carmen no es **nada** morena, es **muy** rubia. Lleva el pelo **un poco** corto y liso. Tiene los ojos azules. Ricardo lleva el pelo **muy** corto. Es moreno. Mario lleva el pelo **bastante** corto y es rubio. Tiene los ojos azules.

5:22 PM

b. Clasifico las palabras señaladas en el esquema.

Intensidad + / −

3. Juego a adivinar el personaje de mi compañero
Elijo un personaje y adivino el personaje de mi compañero. Para ello, hago preguntas y mi compañero solo puede decir sí o no.

Secuencia 5 — Digo cómo son mis amigos

1. Comprendo las descripciones de carácter
Escucho, identifico a la persona y busco el adjetivo para cada uno, según mi opinión.

positiva
divertida
estudioso
divertido
alegre
serio simpática
cariñosa vaga
tímido vago
generosa
inteligente

2. Descubro los adjetivos de carácter

a. Encuentro en la espiral algunos adjetivos y busco los opuestos en la actividad 1. Hay uno que no tiene opuesto en la nube, ¿cuál es?

tacaño tonto alegre sociable antipático estudioso tímido pesimista

b. Copio en mi cuaderno y completo la tabla.

El género del adjetivo					
masculino	femenino	masculino	femenino	masculino	femenino
	-a	-or		-ista	
	generosa	vago	trabajadora	pesimista	

c. Elijo el adjetivo adecuado.

1. Nunca invita, es muy *tacaño/tímido*.
2. Mi compañero saca muy buenas notas porque es muy *optimista/estudioso*.
3. Me gusta cómo piensa, es muy *inteligente/estudioso*.
4. Es muy *simpática/antipática*, siempre se está riendo.
5. Siempre piensa que todo va a ir mal, es muy *pesimista/alegre*.

3. Describo a mi mejor amigo o amiga
Hablo de mi mejor amigo o amiga, como esta chica.

> Sandra es mi mejor amiga porque es alegre, optimista y trabajadora. Yo también soy trabajadora, pero soy un poco pesimista.

Secuencia 6 — Informo de mi chico o chica ideal

Hablo de mi gente 4

1 Leo y elijo el carácter que me gusta
¿Cómo es mi chico o chica ideal? Señalo en el cuadro lo que prefiero, añado dos adjetivos y lo explico.

Mi pareja ideal

	Simpático	Divertido	Estudioso	Optimista	Generoso	Inteligente	Romántico
muy	★★★	★★★	★★★	★★★	★★★	★★★	★★★
bastante	★★☆	★★☆	★★☆	★★☆	★★☆	★★☆	★★☆
un poco	★☆☆	★☆☆	★☆☆	★☆☆	★☆☆	★☆☆	★☆☆
nada	☆☆☆	☆☆☆	☆☆☆	☆☆☆	☆☆☆	☆☆☆	☆☆☆

2 Describo los rasgos físicos
Escribo el carácter de estas personas a partir de la definición que hacen de sí mismos, como en el ejemplo.

❝Tengo muchos amigos, pero nunca les hago regalos. Todos los días estudio una hora y hago mis deberes.❞

❝Todos los fines de semana voy al cine y siempre veo películas de amor. La verdad es que no me gustan los finales tristes.❞

❝Nunca hago mis deberes, pero mis amigos se ríen mucho conmigo, dicen que, cuando no estoy, todo es muy aburrido.❞

❝Solo estudio los sábados y no mucho tiempo, pero mis notas son siempre excelentes.❞

RODRIGO

GONZALO

INÉS

ELVIRA

¿Cómo es Rodrigo?
Es muy simpático, pero bastante tacaño.
Es bastante estudioso.

¿Cómo es Gonzalo?

¿Cómo es Inés?

¿Cómo es Elvira?

3 Presento a mi chico o chica ideal a la clase
Hablo de mi chico o chica ideal como Ramón.

Jimena es mi chica ideal porque tiene el pelo corto y muy rizado. Tiene los ojos marrones y no es muy alta. Jimena es muy alegre, siempre se está riendo. Le gusta compartir todo lo que tiene con sus amigos. Creo que no existe una chica como ella.

Gramática

1 El género y el número de los adjetivos

a Busco ejemplos de cada tipo de adjetivos en la unidad.

El género y número del adjetivo					
Adjetivos que cambian masculino/femenino				Adjetivos que no cambian	
Los adjetivos que terminan en –o	Cambian en femenino a –a	Los adjetivos que terminan en –or	En femenino añaden –a	Los adjetivos que terminan en –e	o en –ista
generoso	generosa	trabajador	trabajadora	tolerante	optimista

b Pongo el adjetivo en la forma adecuada.

1. María es muy generos____.
2. Mis padres son muy tolerant____ con mis amigos.
3. Mi hermano es bastante pesimist____, pero mi hermana es muy optimist____.
4. Mi familia es muy ahorrador____.
5. Ana, mi hermana pequeña, es inteligent____.

2 Los posesivos

a Observo el cuadro y elijo la opción adecuada.

	Singular		Plural	
(yo)	mi (padre/madre)		mis (abuelos/abuelas)	
(tú)	tu (hermano/hermana)		tus (tíos/tías)	
(él, ella, usted)	su (marido/mujer)		sus (hijos/hijas)	
(nosotros, nosotras)	nuestro (padre)	nuestra (madre)	nuestros (tíos)	nuestras (primas)
(vosotros, vosotras)	vuestro (hermano)	vuestra (hermana)	vuestros (primos)	vuestras (tías)
(ellos, ellas, ustedes)	su (abuelo/abuela)		sus (abuelos/abuelas)	

1. *Nosotros/Nuestros* padres son de Barcelona.
2. *Mi/Tus* hermano estudia Medicina en la universidad.
3. ¿Dónde vive *vuestros/vuestro* abuelo?
4. El padre de mi padre es *tu/mi* abuelo.
5. ¿Sabes que la madre de Luis y Marta es también *sus/su* profesora?
6. Juan y Carla son de Galicia y *su/sus* madre es argentina.

Hablo de mi gente 4

b Relaciono

1. El padre de mi padre es mi
2. La hija de mi hermano es mi
3. El hijo de mi padre es mi
4. El hijo de mi hijo es mi
5. El hijo de mi abuelo es mi
6. La hermana de mi madre es mi

a. hermano
b. tía
c. abuelo
d. sobrina
e. nieto
f. padre

c Completo.

1. • Hola, Alberto. ¿____ tíos son españoles?
   • No, ____ tíos son chilenos.
2. • ____ abuelos (míos y de mi hermana) son muy generosos, ¿y ____ abuelos (de ti y tu hermana)?
   • ____ abuelos son un poco tacaños.
3. • Lucas, ¿los hermanos de Andrés vienen a la fiesta de cumpleaños?
   • ____ hermano no viene, pero ____ hermana sí.
4. • ____ padre y yo vamos una semana a España de vacaciones.
   • ¡Qué bien! ____ padres y yo vamos a Argentina.
5. • ¿Cómo se llama ____ novia?
   • Se llama Sara, pero es ____ amiga, no ____ novia.

3 La descripción física

a Observo y escribo una frase para cada foto.

(contenido virtual)

Hacer descripciones		
ser +	tener +	llevar +
alto, bajo, delgado, gordo... rubio, moreno, castaño...	los ojos + negros, marrones... el pelo + corto, largo, rizado...	gafas bigote, barba

b Copio en mi cuaderno y completo con *ser*, *tener* y *llevar*.

1. Irene ____ morena y ____ los ojos marrones y grandes.
2. Mónica ____ el pelo corto y ____ gafas.
3. Mario ____ los ojos azules y ____ barba.
4. Amalia ____ rubia y ____ el pelo rizado.
5. María ____ el pelo largo y liso.
6. José ____ los ojos verdes y ____ el pelo corto.

Hablo de mi gente 4

Hablo del tiempo

Carácter

- 😊 alegre – serio/a 🤓
- 🤗 generoso/a – tacaño/a 🟡
- 😍 optimista – pesimista 🟡
- 😊 .... – antipático/a 😨
- 🟡 sociable – tímido/a 🥺
- 🟡 trabajador/-a – vago/a 😴

la abuela

el nieto

1 Completo mi diccionario visual

Veo, completo las palabras que faltan o hago un dibujo.

2 Juego con palabras

Juego con mis compañeros al personaje misterioso.

¿Es hombre? ☐ Sí ☐ No

¿Es rubia? ☐ Sí ☐ No

¿Es alta? ☐ Sí ☐ No

¿Es colombiana? ☐ Sí ☐ No

¿Es Shakira? ☐ Sí ☐ No

Unidad 4 • Instantes 1

Nuestro proyecto
Vida en otros planetas

Conecto con Ciencias Naturales

1 La Tierra

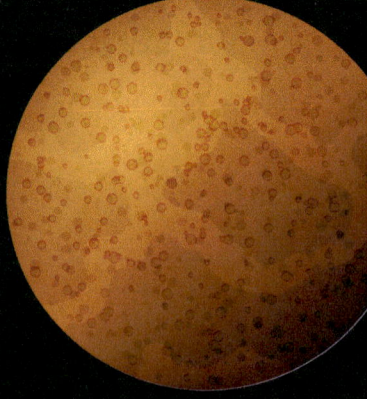
2 Mercurio

4 Plutón

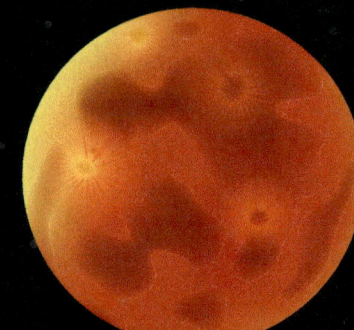
5 Marte

Ahora la gente no me conoce como un planeta y todo el mundo dice que soy muy pequeño. Estoy muy lejos del Sol.

El dios de la guerra se llama como yo y elijo el color rojo para mi superficie.

Doy la vuelta más pequeña alrededor del Sol porque soy el planeta más cercano a él. Soy marrón.

Me conocen con el nombre de la diosa romana del amor y se me puede ver sin telescopio. Soy marrón.

1 Descubro los nombres de los planetas

Escucho y señalo verdadero (V) o falso (F). 🎧 17

V F
- ☐ ☐ El sistema solar está formado por nueve planetas.
- ☐ ☐ Mercurio es el planeta más cercano al Sol.
- ☐ ☐ Plutón es el más grande de los planetas.
- ☐ ☐ La Luna es el único satélite del sistema solar.

Hablo de mi gente 4

3 Venus

6 Saturno

> Me pongo anillos cuando salgo a dar vueltas alrededor del Sol y soy el segundo planeta más grande.

> Mis habitantes dicen que soy el planeta azul y sé que todos me necesitáis para vivir.

2 Adivino cuál es cuál

Leo las adivinanzas y relaciono cada planeta con una frase.

3 Me fijo en los días y los planetas

Identifico el nombre de los días de la semana con el planeta del que viene su nombre.

martes   miércoles   jueves   viernes

Mercurio Venus La Tierra Marte Júpiter Saturno Urano Neptuno Plutón

4 Aprendo más sobre el Sistema Solar

Relaciono.

1. Nuestro sistema solar
2. El movimiento alrededor del Sol
3. En el sistema solar los planetas giran
4. El movimiento de La Tierra sobre sí misma
5. Un satélite gira

- a. en torno a un planeta.
- b. determina el día y la noche.
- c. alrededor del Sol.
- d. determina las estaciones.
- e. está en la Vía Láctea.

5 Ahora nosotros

Imagino que hay vida en otros planetas. En grupos, elegimos un planeta y describimos cómo son sus habitantes. Para ello, utilizamos los adjetivos aprendidos en esta unidad.

> Yo creo que los habitantes de Marte son verdes, altos y delgados.

Contenido virtual

Evalúo mis conocimientos en...
AulaVirtual

Contenido virtual

Samuel — 30 min
Mi familia y yo vivimos en la planta 12 de un bloque que está en Madrid junto a un parque.

Comentar   Compartir

Lucía — 30 min
Vivo con mis padres en un piso de un bloque blanco, en una urbanización que tiene piscina.

Me gusta   Comentar

Belén — 30 min
Nosotros vivimos en una casa con jardín y cuatro habitaciones.

Compartir

Tú — Ahora

Comentar   Compartir

Me gusta

En esta unidad...

1. Describo mi habitación
2. Sitúo los muebles
3. Escribo sobre mi casa
4. Localizo los objetos
5. Explico qué hago en casa
6. Indico para qué sirve

... aprendo...

- Los demostrativos: *este*, *ese* y *aquel*
- Los verbos *ser*, *estar*, *tener* y *hay*
- Los verbos irregulares: *ver*, *jugar*, *dormir* y *sentarse*
- *Para* + infinitivo

- Los muebles: *la cama, la estantería, el escritorio, la silla...*
- Las habitaciones de una casa: *el dormitorio, el salón, la cocina...*
- Los verbos de acción cotidiana (1): *dormir, desayunar...*

... para realizar...

Nuestro proyecto
Casas del mundo
Pág. 78

Secuencia 1 — Describo mi habitación

1. Identifico los colores
Primero, escribo los colores en mi cuaderno.
Luego, escucho y relaciono los muebles con los colores de los diálogos. 🎧18

1. La cama
2. La mesilla
3. El armario
4. El escritorio
5. La silla
6. La estantería

a. ▮ y ▮
b. ▮
c. ▮ , ▮ y ▮
d. ▮ y ▮
e. ▮ , ▮ y ▮
f. ▮ y ▮

2. Descubro los nombres de los muebles
Ahora, identifico la foto y escribo en mi cuaderno las frases, como en el ejemplo.

El armario es rosa y blanco.

3. Describo una habitación
a. Leo y señalo la habitación que describe.

Casadiez
Tu REVISTA DE decoración

Número 10. septiembre 2020. Precio 1 €

La habitación es muy bonita. Tiene una cama, un armario, un escritorio con un ordenador y una silla. También tiene una mesilla de noche. Encima de la cama tiene tres cuadros muy bonitos. A la derecha del escritorio hay un balcón. Todos los muebles son marrón claro, casi blanco, bueno, la cama es además rosa y gris y la mesilla, gris.

b. Describo una de estas habitaciones y mis compañeros adivinan cuál es.

Secuencia 2 — Sitúo los muebles

Describo mi entorno 5

1. Identifico los nombres de los objetos de la habitación
Observo la foto, leo la descripción y relaciono las palabras con la imagen.

Esta es mi habitación, bueno... mi habitación y la de mi hermana Marta. Esta cama con la jirafa es de Marta y esa es mi cama. En aquella estantería están nuestros libros. Aquel es nuestro escritorio. Aquella es mi silla y mi ordenador, la silla de Marta es esa, junto a las fotos de sus cantantes favoritos.

- la cama ○
- el escritorio ○
- la estantería ○
- el ordenador ○
- las fotos ○
- la silla ○

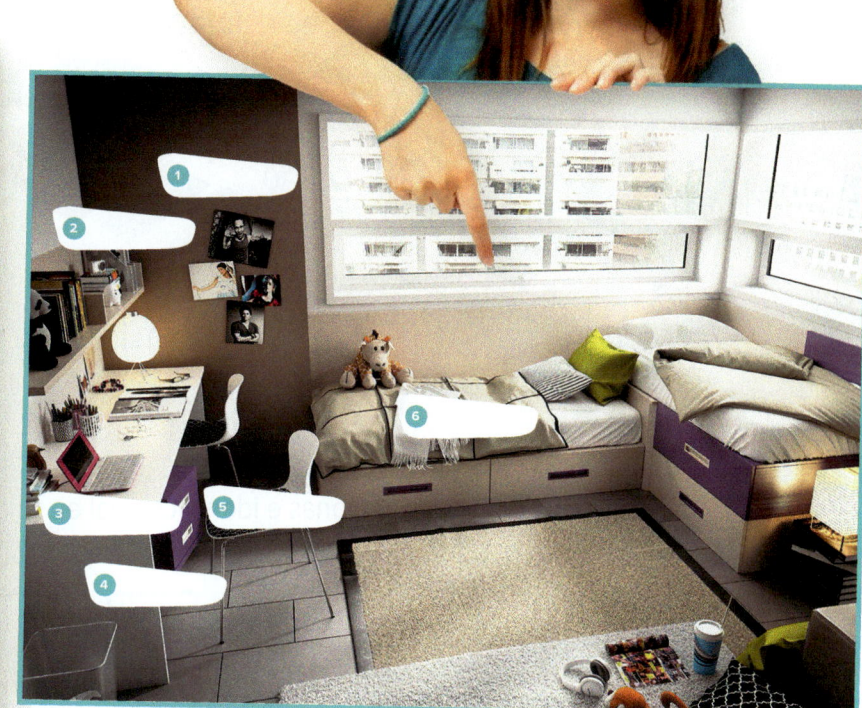

2. Aprendo los demostrativos para señalar objetos
Leo otra vez la descripción, copio y completo la tabla en mi cuaderno.

Los demostrativos

	aquí		ahí		allí	
	masculino	femenino	masculino	femenino	masculino	femenino
Singular	este		ese			
Plural	estos	estas	esos	esas	aquellos	aquellas

3. Practico la descripción
Copio en mi cuaderno y completo con los demostrativos apropiados.

.... es nuestra habitación. En .... camas dormimos mi hermano y yo. Yo duermo arriba. .... es nuestro escritorio y .... es el ordenador de mi hermano. .... es mi silla y .... es la silla de mi hermano, las dos verdes. .... ordenador es nuestro.

Secuencia 3 — Escribo sobre mi casa

1. Aprendo los nombres de las habitaciones de una casa

a. Observo la casa, copio y completo el texto en mi cuaderno.

MI CASA

Esta es nuestra casa. A la derecha está el .... donde mi padre y mi madre guardan los dos coches. Al lado está la .... que da a la calle y al lado están el .... y la cocina, todo en una habitación. La ...., donde preparamos la comida, está al fondo. El .... tiene un sofá grande y cómodo y delante está la tele. Tenemos una .... delante del salón, donde mamá tiene sus plantas y papá prepara barbacoas los fines de semana. En la casa hay tres .... Uno es el de mis padres, con muchos libros, otro el de mis abuelos y el .... pequeño es el mío. También hay un .... donde nos duchamos y nos lavamos los dientes. Es una casa grande y cómoda.

b. Escucho a estas dos personas e identifico cuál es su casa. 🎧19

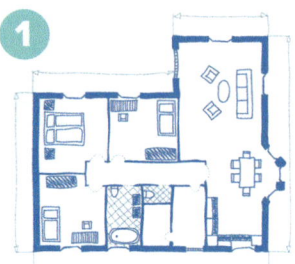 

2. Aprendo los verbos para describir

a. Relaciono los verbos con las explicaciones y los ejemplos.

1. Ser
2. Estar
3. Tener
4. Hay

- a. para la ubicación
- b. para las características y el tipo de casa
- c. para las partes de la casa
- d. para los muebles y los objetos

1. Hay dos camas.
2. Tiene dos baños.
3. Es grande. Es un chalé.
4. Está en el centro.

b. Copio en mi cuaderno y completo el texto.

> Yo vivo en el centro de la ciudad. Mi casa .... muy grande, ... a diez minutos del centro. .... cuatro habitaciones, tres cuartos de baños y un salón. En el salón .... muchas estanterías con los libros de mi padre y también .... un sofá para cuatro personas. .... una casa muy cómoda y luminosa.

3. Describo mi casa
Ahora hago una descripción de mi casa.

Secuencia 4 — Localizo los objetos

Describo mi entorno 5

1. Aprendo los nombres de los objetos de casa
Señalo qué no está en la habitación adecuada y digo dónde está en mi casa.

1. La almohada
2. El cuadro
3. El despertador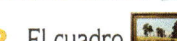
4. La ducha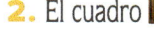
5. El lavabo
6. La lámpara
7. El microondas
8. La tostadora

2. Conozco los demostrativos neutros
Me fijo en la viñeta. Luego, completo el diálogo con los demostrativos neutros.

- ¿Qué es .... que está en la estantería?
- ¿............ de aquí?
- Sí, sí, ...
- .... es un trofeo de balonmano.
- ¿De quién es?
- Es de mi hermano. Y .... de allí es de mi padre, de fútbol.

3. Ordeno una casa y repaso el vocabulario
Escribo el nombre de cada habitación y coloco los muebles. Luego, comparo mi casa con la de mi compañero.

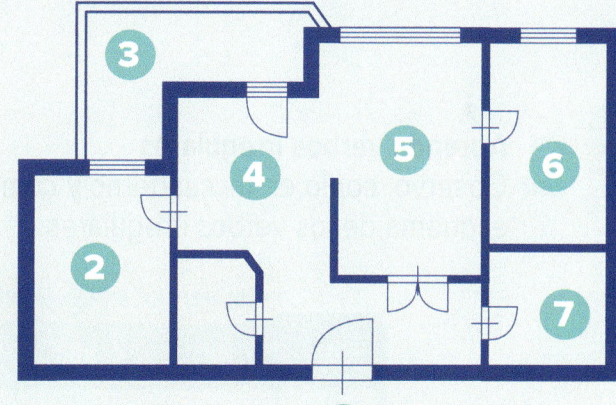

1.
2.
3.
4.
5.
6.
7.

¿Qué es eso?

Esto es un regalo para ti. ¡Feliz cumpleaños!

Secuencia 5: Explico qué hago en casa

1. Conozco nuevos verbos

a. Relaciono los nombres y las fotos. Luego, las frases.

- el dormitorio **1.** ○   ○ **a.** Mis padres guardan el coche.
- la escalera **2.** ○   ○ **b.** Juego con el perro.
- el salón **3.** ○   ○ **c.** Me siento y veo la tele con mi familia.
- la cocina **4.** ○   ○ **d.** Subimos o bajamos a pie.
- el cuarto de baño **5.** ○   ○ **e.** Duermo y estudio.
- el ascensor **6.** ○   ○ **f.** Preparamos la comida.
- el jardín **7.** ○   ○ **g.** Subimos o bajamos rápidamente.
- el garaje **8.** ○   ○ **h.** Nos duchamos y nos lavamos.

En el dormitorio duermo y estudio.

b. Subrayo estos verbos en las frases anteriores y los clasifico en mi cuaderno en regulares e irregulares.

*dormir - duchar - sentar - subir - guardar
preparar - ver - bajar - lavar*

Verbos regulares	Verbos irregulares
	Dormir

¿Cuáles son reflexivos?

2. Aprendo verbos irregulares

Observo, copio en mi cuaderno y completo el esquema de los verbos irregulares.

Los verbos irregulares

	jugar	ver	dormir	sentarse
(yo)				
(tú)	juegas	ves	duermes	te sientas
(él, ella, usted)	juega	ve	duerme	se sienta
(nosotros, nosotras)	jugamos	vemos	dormimos	nos sentamos
(vosotros, vosotras)	jugáis	veis	dormís	os sentáis
(ellos, ellas, ustedes)	juegan	ven	duermen	se sientan

3. Uso los verbos

Copio en mi cuaderno y completo las frases.

1. En casa, mis padres .... *(jugar)* a las cartas.
2. Mis hermanas .... *(dormir)* mucho.
3. Antes de dormir, ... *(jugar, yo)* con la Play.
4. ¿............ *(Sentarse, vosotros)* con los abuelos a ver la tele?
5. Cuando termino de comer, ... *(ver, yo)* mi serie favorita.
6. Mi hermano pequeño .... *(dormir)* en una habitación y yo .... *(dormir)* en otra.
7. Mi abuela .... *(sentarse)* en el jardín.

Secuencia 6 — Indico para qué sirve

Describo mi entorno 5

1. Adivino los objetos de casa
Escucho e identifico de qué hablan. [20]

1. la alfombra
2. el lavabo
3. el microondas
4. la tostadora
5. el mando de la tele

2. Aprendo a expresar finalidad: ¿para qué sirve?
Relaciono los objetos con su finalidad.

1. Las toallas
2. Los libros
3. El espejo
4. El teléfono móvil
5. La mochila

es/son para
a. guardar los libros y los cuadernos.
b. mirarse.
c. hablar, jugar y mandar mensajes.
d. leer y aprender.
e. secarse después de la ducha.

Expresar finalidad

para + infinitivo

La cafetera sirve para preparar café.

3. Juego a las adivinanzas
Me fijo en el modelo y escribo cuatro adivinanzas. Luego, juego con mi compañero. ¿Quién adivina más?

¡Fíjate!
Es una cosa que está en + (habitación de la casa) + *y sirve para* + (finalidad)

Gramática

1 Los demostrativos

a Observo el cuadro y busco ejemplos en la unidad.

cerca	lejos	más lejos
aquí	ahí	allí
este	ese	aquel
esta	esa	aquella
estos	esos	aquellos
estas	esas	aquellas

b Copio en mi cuaderno y completo las frases con los demostrativos.

1. Mira, _____ casa de aquí es mi casa y _____ de allí es de mi abuela.
2. _____ lámpara de ahí no funciona, pero _____ de aquí, sí.
3. _____ móvil que está allí es de mamá.
4. _____ mochilas del fondo de la clase son de Pedro y de Luis.
5. _____ tostadoras de aquí son muy feas.
6. ¿Qué hay en _____ armario de ahí?
7. _____ estanterías de allí son muy modernas.
8. • ¿_____ libros de ahí son de español?
   • Sí, y _____ de aquí también.

2 El presente de *jugar, ver, dormir* y *sentarse*

a Observo el cuadro y escribo una frase con cada verbo.

	jugar	ver	dormir	sentarse
(yo)	juego	veo	duermo	me siento
(tú)	juegas	ves	duermes	te sientas
(él, ella, usted)	juega	ve	duerme	se sienta
(nosotros, nosotras)	jugamos	vemos	dormimos	nos sentamos
(vosotros, vosotras)	jugáis	veis	dormís	os sentáis
(ellos, ellas, ustedes)	juegan	ven	duermen	se sientan

b Copio en mi cuaderno y completo con el verbo en la forma adecuada.

1. En clase _____ (jugar, nosotros) con mi profesor a las adivinanzas.
2. Mamá _____ (dormir) poco, pero yo _____ (dormir) mucho.
3. Los fines de semana _____ (ver, yo) los partidos de fútbol en la tele.
4. Mis abuelos _____ (sentarse) en el salón a tomar café.
5. Los fines de semana papá y yo _____ (ver) los partidos juntos.
6. ¿A qué _____ (jugar, vosotros)?

Describo mi entorno 5

3 La causa y la finalidad

a Observo la explicación y elijo la opción adecuada.

Expresar la causa	Preguntas	¿**Por qué...** + verbo?	¿Por qué subes por las escaleras y no en ascensor?
	Respuestas	**Porque** + verbo	Porque así hago ejercicio.
		Por + sustantivo	Por salud.
Expresar la finalidad	Preguntas	¿**Para qué...** + verbo?	¿Para qué corres todos los días?
	Respuestas	**Para** + infinitivo	Para estar en forma.

1. Este regalo es *para/por* tu cumpleaños. ¡Felicidades!
2. • ¿*Para qué/Por qué* estás enfadado?
   • *Para/Porque* no funciona Internet.
3. Voy a la piscina *para/por* nadar un rato.
4. • ¿*Por qué/Para qué* estudias español?
   • *Por/Para* entender las canciones que me gustan.
5. ¡Muchas gracias *para/por* el regalo!

b Copio en mi cuaderno y completo el crucigrama con las cosas de la casa.

1. La usamos para poner los libros.
2. Sirve para poner la cabeza en la cama.
3. Es el lugar que sirve para guardar el coche.
4. Lo tengo en mi dormitorio para despertarme con él.
5. En ella me siento.
6. Mi jardín tiene una muy grande para nadar.
7. Sirve para dar luz.

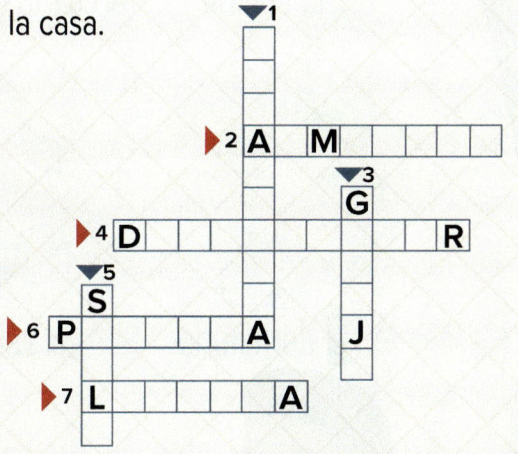

4 El uso de los verbos *ser*, *estar*, *tener* y *hay*

a Observo y escribo dos ejemplos con cada verbo.

- **Ser:** para las características *(Es grande)* y el tipo de casa *(Es un chalé)*.
- **Estar:** para la ubicación *(Está en el centro)*.
- **Tener:** para las partes de la casa *(Tiene dos baños)*.
- **Hay:** para los muebles y los objetos *(Hay dos camas)*.

b Elijo la opción adecuada.

Mi casa *es/está* en el centro, en un edificio de muchos pisos. *Tiene/Está* dos plantas. En la primera planta *hay/están* la cocina, el salón y el comedor. En el salón *está/hay* dos sofás grandes y una estantería con libros y la tele. En la segunda planta *están/hay* los dormitorios y también *hay/está* el cuarto de baño. En la escalera para subir a los dormitorios *hay/están* unos cuadros muy bonitos de mi madre. En el salón también *hay/está* un cuadro de mi madre, es mi preferido.

Describo mi entorno 5

Los muebles y objetos

En el dormitorio
- la c ....
- la mesilla de noche
- el escritorio
- la almohada
- el despertador
- el a ....

En el jardín
- la piscina

En la cocina
- el microondas
- el frigorífico
- la t ....

En el cuarto de baño
- la ducha
- el lavabo

En el salón
- la estantería
- el c ....
- la mesa
- la silla
- el sofá
- la l ....

1 Completo mi diccionario visual
Veo, completo las palabras que faltan o hago un dibujo.

2 Juego con las palabras
Dibujo un plano y creo mi casa ideal.

Describo mi entorno 5

2 Leo las fichas de cada casa

Descubro una información que es falsa. ¿A qué tipo de casa corresponde esa información?

3 Ahora nosotros

Elijo una de estas casas especiales, busco información y redacto una ficha como las anteriores con dos informaciones verdaderas y una falsa. Mis compañeros descubren cuál es la falsa.

La cabaña

El castillo

El palacio

La buhardilla

El bungaló

La casita en el árbol

La casa de campo

5 Washitsu

- ☐ Las paredes son de papel.
- ☐ No hay camas.
- ☐ Es típico de Norteamérica.

6 Tipi

- ☐ Está en el Ártico.
- ☐ Tiene forma de triángulo.
- ☐ Es de piel o tela.

Evalúo mis conocimientos en... AulaVirtual

Unidad 5 • Instantes 1 79

Unidad 6
Hablo de mi ocio

Observo, leo y relaciono

👁 Leo el mensaje que Manuel escribe en su móvil, observo las fotos y respondo: ¿qué hace con cada persona?

Yo en mi tiempo libre hago muchas cosas. En verano, hago surf en la playa de Mar del Plata. Soy del Boca Juniors y veo los partidos de fútbol en el estadio los domingos. Siempre tomo fotos de mis amigos. En el recreo, escucho música y, en casa, por las tardes juego con los videojuegos.

Competencias del siglo XXI

 Maneras de pensar: toma de decisiones
¿Soy una persona responsable? Reflexiono y marco con sinceridad mi respuesta.

1. Tengo que hacer un trabajo en grupo.
   a. Yo organizo a mi grupo.
   b. Mi compañero organiza el trabajo y yo hago lo que me dice.

2. Quiero un perro y, por fin, mis padres me compran uno.
   a. Paseo con él todos los días.
   b. Al principio, paseo con él, pero poco a poco lo hacen mis padres.

3. Ya tengo mi plan de exámenes para el trimestre.
   a. Me organizo y estudio un poco cada día.
   b. Estudio los últimos días, antes de los exámenes.

En esta unidad...

1. Digo mis gustos
2. Comparo mis gustos
3. Cuento mis pasiones
4. Organizo mi agenda
5. Explico mi calendario
6. Narro mis rutinas

... aprendo...

- El verbo *gustar* y los pronombres de objeto indirecto: *(a mí) me, (a ti) te, le, nos, os* y *les*
- Las expresiones de frecuencia: *todos los días, muchas veces, siempre* y *nunca*
- Los verbos irregulares de cambio vocálico: *dormir, jugar*...
- Las actividades de tiempo libre: *jugar al fútbol, charlar con amigos, ir al cine*...
- Las fiestas anuales: *las vacaciones de verano, la Semana Santa, los fines de semana, la Navidad*...
- Los verbos de acción cotidiana (2): *empezar, hacer*...

... para realizar...

Nuestro proyecto
Los deportes más practicados
Pág. 92

Secuencia 1 — Digo mis gustos

1. Comprendo cuando hablan de gustos

a. Leo y señalo en la tabla.

1. A Rosa le gusta levantarse pronto los sábados para ir en bicicleta, pero a su amigo Manuel no le gusta levantarse pronto ni tampoco la bicicleta.
2. A Manuel le gusta mucho andar por el campo los fines de semana y hacer fotos, pero a Rosa no, a Rosa le gusta estar en casa y le gusta leer novelas. A Manuel no le gusta leer.
3. A Rosa le gusta navegar por Internet después de clase y a Manuel también.
4. A Manuel le gustan todos los deportes, pero a Rosa no. A ella le gusta mucho chatear con sus amigos. A Manuel también le gusta mucho.
5. A Rosa le gusta mucho comer *pizza* con los amigos los fines de semana y a Manuel también.
6. A los dos les gusta la música. A Rosa le gustan las canciones románticas y a Manuel le gusta el *rock*.

	Rosa 👍	Rosa 👎	Manuel 👍	Manuel 👎
1. Montar en bicicleta				
2. Andar por el campo				
3. Navegar por Internet				
4. Chatear por teléfono				
5. Leer novelas				
6. Hacer deporte				
7. Comer con los amigos				
8. Escuchar música				

b. Relaciono las actividades anteriores con estas fotos.

a.    b.    c.    d.    e.    f.    g.    h.

2. Aprendo el verbo *gustar*

a. Observo las frases anteriores, copio en mi cuaderno y completo la explicación.

Gustar

A mí	me		nadar / ....
A ti	te	gusta	el chocolate / la ....
A él, ella, usted	....		
A nosotros, nosotras	nos		
A vosotros, vosotras	os		los cómics / ....
A ellos, ellas, ustedes	....		

b. Copio y completo las frases con los pronombres y elijo la opción adecuada.

1. A Luis .... *gusta/gustan* las películas de vampiros.
2. A Marisa y a mí .... *gusta/gustan* las bicicletas.
3. A Sergio y a sus amigos .... *gusta/gustan* hablar por teléfono.
4. A Teresa y a mí .... *gusta/gustan* la *pizza*.
5. A mí .... *gusta/gustan* divertirme con mis amigos.
6. A Ana .... *gusta/gustan* el fútbol.

3. Digo mis gustos

Hablo con mi compañero y le digo tres actividades que me gustan y tres actividades que no me gustan.

Secuencia **2**

Comparo mis gustos

Hablo de mi ocio **6**

1 Conozco los nombres de las actividades de tiempo libre
Escucho y señalo qué actividad le gusta hacer en su tiempo libre a cada chico.

| MANUEL | ROSA | ELENA | MARTA | DANI |

jugar al fútbol | leer | ir al cine | jugar al baloncesto | los cómics

nadar en la piscina | las series de TV | bailar | los videojuegos | ir a conciertos

2 Aprendo a comparar gustos
Observo y digo la respuesta según el emoticono.

Mostrar acuerdo y desacuerdo

Acuerdo:
😊 Me gusta bailar. 😊 *A mí también.*
🙁 No me gustan los gatos. 🙁 *A mí tampoco.*

Desacuerdo:
😊 Nos gusta sacar al perro. 🙁 *A nosotros no.*
🙁 No me gusta bailar. 😊 *A mí sí.*

1. • A mí me gusta mucho bailar. ¿Y a ti?
 • 😊
2. • A mí no me gustan nada los videojuegos. ¿Y a ti?
 • 😊
3. • A mí me gusta ir al cine. ¿Y a ti?
 • 🙁
4. • A mí no me gusta mucho leer. ¿Y a ti?
 • 🙁

3 Busco gustos similares
Pienso en dos actividades: una me gusta y otra no. Pregunto en la clase, ¿quién opina como yo?

Secuencia 3: Cuento mis pasiones

1. Descubro el vocabulario
Leo el blog de Manuel y completo las frases con las palabras marcadas.

EL BLOG DE MANUEL

Mi mejor amiga es Rosa y con ella comparto muchas actividades de mi tiempo libre. Estas son mis aficiones: me gusta mucho el fútbol y soy seguidor del Boca Juniors, mi **equipo favorito**, y coleccionista de los **cromos** de los mejores jugadores. Soy aficionado a los **videojuegos** electrónicos y a la **música** pop, especialmente soy seguidor de la **cantante** Shakira. También me gusta andar por el campo y me gustan muchísimo la **naturaleza** y los **animales**. Tengo un perro que se llama Tofu. También colecciono las **figuras** de *Star Wars* y tengo ya casi todas porque me gusta mucho el cine.

1. Ser aficionado a la .... pop y a los  .... electrónicos.

2. Ser seguidor de la .... Shakira y de mi  .... de fútbol.

3. Gustar muchísimo los  .... y la ....

4. Ser coleccionista de las .... de *Star Wars* y de los  .... de los mejores jugadores.

2. Aprendo a valorar
Observo los ejemplos, pregunto a mis compañeros por sus aficiones y escribo si las considero fáciles o difíciles.

| ME PARECE FÁCIL/DIFÍCIL ||
Fácil	Difícil
A mí me parece fácil aprender español.	Me parece difícil aprender chino.
Me parece fácil nadar.	A mí me parece difícil jugar al ajedrez.

3. Explico mis gustos
Ahora, creo mi mapa de aficiones y escribo una entrada como la de Manuel.

Secuencia 4 — Organizo mi agenda

Hablo de mi ocio 6

1. Descubro actividades de tiempo libre
Relaciono los verbos con las imágenes y escribo en mi cuaderno las palabras.

1. Ir al ○
2. Chatear con ○
3. Leer ○
4. Ir a clases de ○
5. Bailar en la ○
6. Ver una ○
7. Escuchar la ○
8. Buscar información en ○

a. vi_l_n
b. l_br___
c. p_l_c_l_
d. a__g__
e. I___er___t
f. t_a_ro
g. r____o
h. di_c_t_c_

2. Elaboro mi agenda
Escribo en mi cuaderno o en mi agenda las actividades que hago por las tardes y los fines de semana. Puedo elegir las actividades de las listas u otras.

- Leer un cómic
- Leer un libro

- Buscar información en Internet
- Chatear con amigos

- Escuchar música
- Escuchar la radio

LUNES | MARTES | MIÉRCOLES | JUEVES
VIERNES | SÁBADO | DOMINGO

- Ver un documental
- Ver la tele

- Bailar
- Nadar

- Ir al zoo
- Ir al cine
- Ir a un concierto

- Ir a clases de kárate
- Ir a clases de ballet

3. Propongo planes
Comparo mi agenda con la de mi compañero y busco tres actividades que podemos hacer juntos.

¡Fíjate!
Proponer una actividad: *¿Por qué no vamos* + actividad?
Aceptar: *Vale, muy bien.*
Rechazar: *No, es que no puedo.*

Secuencia 5 — Explico mi calendario

1 Hablo de mi curso escolar
Leo la presentación de Manuel y relaciono los periodos de tiempo libre con las fechas.

Vacaciones

En la Argentina, **normalmente** nosotros empezamos la escuela a principios de marzo, a finales del verano del hemisferio sur, y terminamos las clases **siempre** a mediados de diciembre, cuando llega el verano. Más o menos, del 15 de diciembre al 7 de marzo son las vacaciones de verano. Tenemos dos meses y medio de vacaciones, más o menos. **Todos los años** vamos a la playa a un balneario que tenemos en la ciudad de Mar del Plata. Allí **muchas veces** hago surf, mi deporte favorito, **casi nunca** voy solo.

Las vacaciones de invierno son la segunda quincena de julio. **A veces** vamos a esquiar a las montañas de Mendoza, en el oeste, y **a veces** vamos a esquiar al sur, a San Carlos de Bariloche, en la Patagonia. **Nunca** nos quedamos en casa, pues a mis papás les gusta mucho esquiar.

Tenemos también varios días feriados, cuando no vamos a clase, como en Semana Santa, en otoño. Mi feriado favorito es el 9 de julio, el Día de la Independencia. **Casi siempre** vamos a casa de mis abuelos y allí comemos un asado, la comida favorita de muchas familias argentinas.

Periodos
- **A.** Vacaciones de verano ○
- **B.** Días sin clase durante la semana ○
- **C.** Día de la Independencia ○
- **D.** Vacaciones de Semana Santa ○
- **E.** Vacaciones de invierno ○

Fechas
1. En otoño (marzo o abril)
2. El 9 de julio
3. Dos semanas en julio
4. Feriados
5. Mitad de diciembre, enero y febrero

2 Aprendo las expresiones de frecuencia
Clasifico en el gráfico las palabras marcadas en el texto.

- Muchas veces
- Casi nunca
- Siempre, todos los días/años...
- Casi siempre, normalmente
- A veces
- Nunca

3 Comparo mi calendario
Comparo mi calendario con el de Manuel y lo explico. Digo también cuáles son mis costumbres.

Secuencia 6 — Narro mis rutinas

Hablo de mi ocio

1. Comprendo quién da cada información
Escucho y marco de quién es cada rutina. 🎧 23

1. Empieza(n) las clases a las 9:00 todos los días.
2. Duerme(n) 8 horas al día.
3. Hace(n) los deberes después de comer.
4. Juega(n) al tenis tres días por semana.
5. Va(n) al gimnasio todas las tardes.
6. Siempre merienda(n) fruta.
7. Normalmente pide(n) palomitas en el cine.

2. Aprendo algunos verbos irregulares
Completo la tabla.

Merendar es como empezar. Yo meriendo.

Los verbos irregulares

	E>IE empezar	O>UE dormir	E>I pedir	jugar	hacer
(yo)	empiezo	duermo	pido	juego	hago
(tú)	empiezas	duermes	pides	juegas	haces
(él, ella, usted)					
(nosotros, nosotras)	empezamos	dormimos	pedimos	jugamos	hacemos
(vosotros, vosotras)	empezáis	dormís	pedís	jugáis	hacéis
(ellos, ellas, ustedes)					

3. Cuento mi rutina
Copio en mi cuaderno, completo con el verbo en la forma adecuada y respondo.

1. ¿Cuántas horas _____ (dormir, tú) normalmente?
2. ¿_____ (Hacer, tú) algún deporte habitualmente?
3. ¿A qué hora _____ (empezar) las clases todos los días?
4. ¿Qué _____ (pedir) tus amigos y tú de beber cuando vais al cine?
5. ¿Qué _____ (preferir, tú) hacer cuando estás solo y aburrido?

Gramática

1 El verbo *gustar*

a Observo, copio en mi cuaderno y completo las frases con el verbo *gustar* en la forma correcta.

Gustar			
A mí	me		+ infinitivo: *nadar / bailar*
A ti	te	gusta	
A él, ella, usted	le		+ sustantivo en singular: *el chocolate / la música latina*
A nosotros, nosotras	nos		
A vosotros, vosotras	os	gustan	+ sustantivo en plural: *los cómics / las películas*
A ellos, ellas, ustedes	les		

1. Me _____ pasear por el parque con mis amigos.
2. A mi hermana le _____ las verduras.
3. A mi padre y a mí nos _____ mucho los documentales de animales.
4. ¿Os _____ la fruta?
5. A mi hermano y a sus amigos les _____ los cómics.
6. A mis padres no les _____ las películas de amor.

b Copio en mi cuaderno y completo las frases con los pronombres y el verbo *gustar* en la forma adecuada.

1. A mamá no _____ el fútbol.
2. A José y a Ángel _____ los animales.
3. • Lara, ¿_____ el chocolate blanco?
   • Sí, sí. _____ mucho.
4. A Sara no _____ las canciones de amor.
5. ¿A vosotros _____ correr? A nosotros no _____ mucho.
6. A nosotros _____ los perros y a mis padres _____ los gatos.

2 Contraste de gustos

a Elijo la opción correcta.

	Contraste de gustos	
	Me gusta	No me gusta
Me gusta	A mí también	A mí sí
No me gusta	A mí no	A mí tampoco

1. • A nosotros no nos gusta el fútbol.
   • A mí *también/sí*, me gusta mucho.
2. • Me gusta mucho nadar, ¿y a ti?
   • A mí *también/tampoco*. ¿Vamos a la piscina juntos?
3. • A mi amigo Lucas no le gusta el chocolate.
   • A mí *también/tampoco*.
4. • ¿Te gustan los libros de misterio?
   • A mí *no/sí*, me gustan mucho, son divertidos.
   • Pues a mí *no/sí*, no me gustan nada.
5. • A ellas no les gustan nada estos libros.
   • A nosotras *sí/también*.

Hablo de mi ocio 6

b Respondo en mi cuaderno: *también, tampoco*.

1. • A mi madre le gusta mucho el cine.
   • A mi madre
2. • A mí no me gusta la playa.
   • A mí
3. • A mi compañero le gusta mucho la clase de español.
4. • A Sandra no le gusta bailar.
   • A mí
5. • Ana, ¿te gusta el último disco de Beyoncé?
   • No me gusta mucho, la verdad. ¿Y a ti?
   • A mí

3 La frecuencia
Relaciono.

1. Todos los días   a. Casi nunca
2. Seis días por semana   b. Siempre
3. Por las mañanas   c. A veces
4. Dos días por semana   d. Casi siempre
5. Una vez al mes   e. Normalmente

4 Verbos irregulares
Observo y pongo el verbo en la forma adecuada.

Los verbos irregulares

	Verbos E>IE empezar	Verbos O>UE volver	Verbos E>I pedir	hacer
(yo)	empiezo	vuelvo	pido	hago
(tú)	empiezas	vuelves	pides	haces
(él, ella, usted)	empieza	vuelve	pide	hace
(nosotros, nosotras)	empezamos	volvemos	pedimos	hacemos
(vosotros, vosotras)	empezáis	volvéis	pedís	hacéis
(ellos, ellas, ustedes)	empiezan	vuelven	piden	hacen

1. • ¿Qué _____ (preferir, vosotros): el fútbol o el baloncesto?
   • Nosotros _____ (preferir) el baloncesto.
2. • ¿A qué hora _____ (volver, tú) de las clases?
   • Normalmente _____ (volver) a las 14:30.
3. En el comedor _____ (servir, ellos) la comida a las 14:00.
4. Mi hermano _____ (volver) a casa después del colegio.
5. Todos los días _____ (acostarse, yo) a las 22:30.
6. • ¿Qué _____ (hacer, vosotros) los fines de semana?
   • Normalmente vamos al parque o al centro comercial, _____ (pedir) un bocadillo.

Mi diccionario visual

Hablo de mis costumbres

Acciones cotidianas

 levantarse
 empezar las c..................
 comer
 hacer los d..................
 hacer deporte
 ir al gimnasio

Fiestas y vacaciones

 Navidad
S.............. Santa
 verano
 Día de la Fiesta Nacional
 día festivo sin clase

Otras actividades

 nadar
 navegar por Internet
 b..................
 montar en bicicleta
chatear
andar por el campo
 comer un helado
 tomar el ....

Hablo de mi ocio 6

Actividades

Coleccionar
 figuras
cromos

Ir
 al cine
 a un concierto
 al z ....
al parque de atracciones
 a clases de *ballet*/karate

Ver
 la t ....
una serie
un documental

leer
 un l ....
un cómic

jugar
 al fútbol
 a videojuegos
 con animales

escuchar
música
 la ....

1 Completo mi diccionario visual

Veo, completo las palabras o hago un dibujo.

2 Juego con las palabras

Juego con mis compañeros a...
¿Quieres ser millonario?

El Día de la Fiesta Nacional
a. En España a veces se celebra en agosto y otras en diciembre.
b. En Hispanoamérica es el Día de la Independencia.
c. Siempre se comen tacos mexicanos en todo el mundo hispano.
d. Es un concurso de televisión.

El 31 de diciembre
a. Se llama *Nochebuena*.
b. Muchas veces se dan regalos.
c. Siempre se cantan canciones especiales.
d. Se toman doce uvas.

Los regalos de Navidad
a. Tradicionalmente se dan el 6 de enero.
b. Siempre tienen que ser baratos.
c. Todos los días de las vacaciones de Navidad recibes uno.
d. Casi siempre es algo de comer: caramelos, chocolate.

Nuestro proyecto
Deportes favoritos

Conecto con Educación Física

1 Conozco los nombres de los deportes

Ordeno las sílabas para descubrir los nombres de los deportes y los relaciono con las fotos.

- MO – CI CLIS
- TO – LON BA – CES
- BOL – VO LEI
- BOL – FÚT
- QUÍ – ES
- SIA – GIM NA
- TA – NA CIÓN
- NIS – TE

2 Descubro los deportes preferidos de los argentinos

Leo y escribo los deportes.

1. _____
2. _____
3. _____
4. _____
5. _____
6. _____
7. _____
8. _____
9. _____

1.°	Primero
2.°	Segundo
3.°	Tercero
4.°	Cuarto
5.°	Quinto
6.°	Sexto
7.°	Séptimo
8.°	Octavo
9.°	Noveno
10.°	Décimo

www.deportesenargentin

INICIO

contenido virtual

Los deportes favoritos en Argentina

Practicar cualquier deporte es una actividad muy sana y divertida. En los colegios primarios y secundarios del país se juega al fútbol, se practica *hockey* sobre césped o los chicos nadan en la piscina. Pero si hablamos del deporte como espectáculo, estos son los nueve deportes más populares para los argentinos.

- El fútbol es el deporte rey. Despierta pasiones y es considerado el deporte nacional. Hay muchos equipos, pero, quizá, el más conocido internacionalmente es el Boca Juniors y su estadio, La Bombonera. Muchos futbolistas argentinos juegan en equipos de todo el mundo, como Lionel Messi, que juega en el Barça (España).

- Todos los fines de semana hay competiciones de automovilismo, el segundo deporte preferido en Argentina.

- Los Pumas es el nombre con el que se conoce a la selección nacional masculina de *rugby* argentina y Las Leonas, a la selección nacional femenina de *hockey* sobre césped, tercero y séptimo deportes en la lista de preferencias. Luciana Aymar es una de las leonas.

- El tenis y el boxeo ocupan el cuarto y quinto lugar. Gabriela Sabatini es una gran tenista y, cuando se trata de un partido internacional, el tenis también es una pasión.

- Desde las Olimpiadas de Atenas de 2009 el básquet o baloncesto ocupa el sexto lugar y se juega en muchos colegios. Emanuel Ginóbili es un héroe para muchos chicos.

- El atletismo y el ciclismo cierran la lista. ¿Qué chico no sueña con tener una bicicleta para su cumpleaños, en Navidad o en Reyes?

Hablo de mi ocio 6

3 Deportistas argentinos

Estos son los deportistas argentinos más conocidos. Digo sus nombres.

4 Ahora nosotros

Hablamos y hacemos una encuesta en clase para conocer los gustos de nuestros compañeros.

Encuesta

1. ¿Practicas algún deporte?
   - Sí.
   - No.

2. Si la respuesta es sí, ¿cuáles son los deportes que más practicas? ¿Con qué frecuencia los practicas?
   1.
   2.
   3.

3. ¿Te gusta ver deporte en televisión?
   - Sí.
   - No.

4. Si la respuesta es sí, ¿cuáles son los deportes que más ves en televisión? ¿Con qué frecuencia los ves?
   1.
   2.
   3.

5. ¿Dónde lo practicas, en el estadio o en las instalaciones deportivas?

Evalúo mis conocimientos en...
AulaVirtual

Unidad 7
Me muevo en la ciudad

¿Cómo voy a mi instituto?

👁 Leo y relaciono las respuestas con las fotos. Luego, respondo a la pregunta: ¿cómo voy a mi instituto?

a Pues voy de mi casa al instituto a pie con mi perro Gos, porque vivo cerca del instituto y voy por un parque.

b Nosotros vamos en metro, porque el instituto está lejos de casa y porque el metro es rápido.

c Al instituto voy en autobús todos los días, porque vivo lejos.

d Jorge, el profesor de español, va en bicicleta, porque le gusta hacer ejercicio.

Competencias del siglo XXI

 Maneras de trabajar: la comunicación

Marco mis tres actitudes cuando me comunico con otras personas.

○ Respeto la opinión de los demás.
○ Quiero ganar en una discusión porque siempre tengo razón.
○ Siempre digo lo que pienso.
○ Pienso antes de hablar.
○ Soy agresivo cuando hablo.
○ Primero escucho, luego hablo.
○ Empatizo mucho.
○ Digo la verdad siempre, no importa si es buena o no para todos.

Contenido virtual

En esta unidad...

1. Descubro una ciudad
2. Describo mi ciudad
3. Informo de mi barrio
4. Hago preguntas
5. Me muevo por la ciudad
6. Presento mi ciudad

... aprendo...

- El verbo *ir* y las preposiciones *a*, *en* y *con*, y los verbos *querer* y *poder* + infinitivo
- Los conectores; *y*, *o*, *ni* y *pero*
- Las expresiones de lugar: *delante de*, *cerca de*, *al lado de*...

- Los edificios de una ciudad: *el museo, la biblioteca, el centro comercial*...
- Las tiendas: *la librería, la papelería, el quiosco*...
- Los medios de transporte: *el metro, el autobús, el tren*...
- Los lugares públicos: *el parque, la plaza, la calle*...

... para realizar...

Nuestro proyecto
La geografía de mi país
Pág. 105

Secuencia 1 — Descubro una ciudad

> Yo creo que la catedral gótica más grande está en Barcelona.

> No, yo creo que está en Sevilla y la torre es la Giralda.

1. Adivino de qué ciudades hablan
Leo, relaciono con las imágenes y adivino las ciudades.

1. Es una ciudad española conocida porque tiene la catedral gótica más grande del mundo con una torre muy bonita. ○

2. Es una capital europea muy conocida por su puente sobre el río Támesis y por una torre con un reloj llamado Big Ben. ○

3. Esta ciudad tiene un templo griego histórico, el Partenón. ○

4. La Torre Eiffel se puede ver desde todas las calles de esta ciudad. ○

5. Las ruinas del Imperio romano son impresionantes. ○

6. Es la capital de un país y tiene unas pirámides muy antiguas. ○

7. Tiene un monumento al sol porque dicen que todos los días nace el sol por ahí. ○

8. Es conocida porque la estatua de la Libertad está allí. ○

a    b

c    d

e    f

g    h

2. Aprendo a describir ciudades
Relaciono.

1. Es...
2. Es conocida porque tiene...
3. Allí está...
4. Está...
5. Tiene...

a. el Museo del Prado. ○
b. la capital de... ○
c. menos de un millón de habitantes. ○
d. un monumento/museo/puente muy famoso. ○
e. una ciudad muy grande/bonita/interesante. ○
f. al sur de Valladolid. ○

¡Fíjate!
Utilizamos **un/a/os/as** cuando nos referimos a uno de los elementos de una categoría.
Utilizamos **el/la/los/las** cuando hablamos de un elemento único.

3. Describo una ciudad con mis palabras
Pienso tres frases para describir una ciudad y mis compañeros adivinan qué ciudad es.

> Está en el centro del país, es la capital, tiene 22 millones de habitantes y es famosa por sus pirámides aztecas.

Secuencia 2 — Describo mi ciudad

Me muevo en la ciudad 7

1. Conozco dos ciudades hispanas
Leo el folleto y me informo.

CÓRDOBA versus CÓRDOBA

Viajar

Hay muchas ciudades que se llaman Córdoba en el mundo: en Argentina, en Colombia, en España, en Estados Unidos y en México. Vamos a conocer dos:

- La ciudad argentina de Córdoba es muy grande, tiene un millón y medio de habitantes. Está en el interior y es moderna, pero tiene un centro histórico muy bonito. Tiene una universidad muy importante.

- La Córdoba española es una ciudad mediana, tiene más de 300 000 habitantes. Está en el interior. Es una ciudad antigua y con mucha historia. Tiene una mezquita-catedral muy grande y muy bonita, y un puente romano sobre el río.

2. Aprendo palabras para describir una ciudad

a. Leo la explicación y completo las frases con los conectores.

1. En la Córdoba de España .... en la de Argentina hay un centro histórico.
2. .... en la Córdoba de Argentina .... en la de España hay playa.
3. La ciudad argentina es muy grande, ... la ciudad española es mediana.
4. Y tú, ¿cuál prefieres conocer, la ciudad argentina .... la ciudad española?

Los conectores

1. Para añadir información afirmativa: **y**
   Me gusta visitar ciudades grandes y pequeñas.
2. Para añadir información negativa: **ni**
   No me gustan (ni) las ciudades grandes ni las pequeñas.
3. Para dar una alternativa: **o**
   Podemos ir a Málaga o a San Sebastián.
4. Para dar información opuesta: **pero**
   En verano tengo vacaciones, pero no voy a viajar.

b. Busco en el folleto las palabras y escribo el nombre de una ciudad de cada tipo que conozco.

1. Está en la costa o en el ....
2. Es grande, ... o pequeña.
3. Tiene un centro ....
4. Es .... o moderna.

3. Describo mi ciudad
Elijo una ciudad y escribo la descripción para un folleto.

Secuencia 3 — Informo de mi barrio

1. Descubro las palabras para describir mi barrio
Relaciono.

1. Cuando necesito cosas para el cole, …
2. Cuando mis padres quieren el periódico o una revista, …
3. Cuando quiero pasear con mis amigos, …
4. Cuando quieres ir al centro, …
5. Cuando necesito libros o quiero estudiar tranquilo, …
6. Cuando estamos enfermos, …

a. podemos ir al parque. ○
b. puedes ir a la parada de autobús. ○
c. puedo ir a la biblioteca. ○
d. voy a la papelería. ○
e. vamos a la farmacia. ○
f. pueden ir a un quiosco que hay en la plaza. ○

2. Aprendo los verbos irregulares
Completo la tabla con formas de la actividad anterior.

Los verbos con infinitivo

	querer	poder	
(yo)			**+ infinitivo**
(tú)			*Cuando quiero pasear con mis amigos, podemos ir al parque.*
(él, ella, usted)	quiere	puede	
(nosotros, nosotras)	queremos		
(vosotros, vosotras)	queréis	podéis	
(ellos, ellas, ustedes)			

3. Doy soluciones a diferentes situaciones
Reacciono a estas situaciones. Luego, creo otras.

1. Cuando mi madre quiere comprar medicinas, …
2. Cuando queremos leer una revista, …
3. Cuando quiero hacer deporte, …
4. Cuando quiero estudiar fuera de casa, …
5. Cuando no quiero ir a pie a la escuela, …
6. Cuando quiero comprar un lápiz, …

Secuencia 4 — Hago preguntas

Me muevo en la ciudad 7

1 Reconozco las tiendas
Observo el plano del centro comercial y completo.

1. Si necesito comprar un libro, voy a la ....
2. Si necesito comprar un juego para la consola, voy a una .... de ....
3. Si quiero ver una peli, voy al ....
4. Si quiero jugar a los bolos, voy a la ....
5. Si tengo hambre, voy a una ....
6. Si quiero hacer deporte, voy al ....
7. Si necesito un teléfono nuevo, lo compro en la .... de ....
8. Si quiero un balón de baloncesto, voy a la .... de ....
9. Si necesito unas gafas nuevas, voy a la ....
10. Si quiero una camiseta, voy a la .... de ....

PLANO CENTRO COMERCIAL

1. Librería
2. Tienda de mascotas
3. Bolera
4. Cine
5. Gimnasio
6. Tienda de videojuegos
7. Juguetería
8. Óptica
9. Pizzería
10. Tienda de deportes
11. Tienda de móviles
12. Tienda de ropa

2 Repaso los interrogativos

a. Relaciono las preguntas con las respuestas.

1. ¿Cuánto cuesta esa camiseta?
2. ¿Qué venden en esa tienda?
3. ¿Qué deporte practicas?
4. ¿Dónde está la óptica?
5. ¿Quién es ese señor alto?

En la primera planta.
20 euros.
Baloncesto.
Unos dulces de chocolate buenísimos.
El vendedor.

b. Leo las frases anteriores y completo la explicación.

Los interrogativos

Estructura	Ejemplos
Qué + verbo	
Qué + sustantivo	¿Qué deporte te gusta más?
Cuánto + ...	
Cuánto/a/os/as + sustantivo	¿Cuántas tiendas hay en el centro comercial?
Quién + verbo	
Dónde + ...	¿Dónde está la pizzería?

3 Formulo preguntas

a. Hago preguntas a mi compañero sobre el centro comercial y respondo a las suyas.

– ¿Hay algún cine en el centro comercial?
– Sí, está el cine Arte 7.
– ¿Dónde está el cine?
– Está al lado de la bolera.

b. Presento tres informaciones y mi compañero formula preguntas. Luego, veo las tres informaciones de mi compañero y formulo preguntas.

Secuencia 5 — Me muevo por la ciudad

1. Observo y repaso el verbo *ir*

a. Escucho y respondo a las preguntas.

1. ¿Dónde va Lucía?
2. ¿Va sola?
3. ¿Cómo van, en metro, en autobús o en bici?
4. ¿Van juntas Silvia y Lucía?

b. Completo el esquema con la ayuda de la actividad anterior.

Ir + preposición

	Ir
(yo)	voy
(tú)	vas
(él, ella, usted)	
(nosotros, nosotras)	vamos
(vosotros, vosotras)	vais
(ellos, ellas, ustedes)	

ir a + lugar
Ejemplo:

ir en + medio de transporte
Ejemplo:

ir con + persona
Ejemplo:

2. Aprendo las preposiciones con el verbo *ir*

Ahora, elijo elementos de las tres columnas para contar mis costumbres.

Voy a...
- el centro comercial
- el colegio o el instituto
- el cine
- la pizzería
- la heladería
- el parque
- otro:

Voy en...
- bici
- moto
- autobús
- metro
- tren
- taxi
- otro:

Voy con...
- mi novio/a
- mi(s) amigo(s)
- mi(s) compañero(s)
- mi padre o mi madre
- mi(s) hermano(s)
- mi equipo
- otro:

¡Fíjate!
Voy *a* + *el* = voy *al*...
Voy al cine.
Voy al centro comercial en metro con mis padres.

3. Invento una historia

Con mi compañero, imagino y escribo un diálogo como en la actividad 1. Aquí tengo algunas ideas.

bolos · en coche · estadio · pizzería · en autobús · en metro · con su padre · con Marta · piscina · solo/a · a pie · con Raúl

Secuencia 6 — Presento mi ciudad

1. Conozco los lugares de la ciudad
Leo las definiciones y relaciono con las imágenes.

1. En él viven reyes. ○
2. En ellos podemos ver obras de arte. ○
3. Es un lugar para practicar deportes. ○
4. En él juegan los niños pequeños. ○
5. Lugar para cruzar. ○
6. Construcción de valor artístico. ○

a. el museo b. el parque infantil c. el gimnasio d. el palacio e. el monumento f. el paso de cebra

2. Aprendo a ubicar

a. Isabel se presenta en su blog. Leo y respondo a las preguntas.

Blog de Isabel
Inicio | Entradas | Archivo | Blogs amigos

Me llamo Isabel y vivo en una pequeña ciudad en el norte de España, cerca del mar. No necesito utilizar los medios de transporte porque todo está muy cerca. Voy al cole andando, pero mi hermano mayor vive en Madrid y siempre va en bus a la universidad porque está muy lejos de su casa.

Mi calle es muy alegre y delante de mi casa hay un pequeño monumento. Muy cerca de mi calle hay una bolera y allí voy los sábados con mis amigos. Detrás de mi colegio hay un gimnasio y, al lado, un parque infantil muy grande. Me gusta mucho mi ciudad.

1. ¿Por qué Isabel no utiliza los medios de transporte?
2. ¿Por qué su hermano va en autobús a la universidad?
3. ¿Dónde está el monumento?
4. ¿Qué hay cerca de la calle de Isabel?
5. ¿Dónde hay un gimnasio?

b. Ahora, completo las frases con algunas de las palabras de la presentación de Isabel.

1. Mi hermano no puede ir a pie a la universidad porque está _____.
2. No puedo ver el mar desde mi ventana porque _____ mi casa hay un monumento.
3. No voy en autobús al cole, está muy _____.
4. Delante de mi colegio no hay nada, pero _____ hay un gimnasio.

3. Hablo de mi ciudad
Hablo con mi compañero de lo que me gusta y no me gusta de nuestra ciudad.

Me muevo en la ciudad 7

Gramática

1 Los verbos irregulares

a Observo los verbos y busco ejemplos en la unidad.

	poder	querer
(yo)	puedo	quiero
(tú)	puedes	quieres
(él, ella, usted)	puede	quiere
(nosotros, nosotras)	podemos	queremos
(vosotros, vosotras)	podéis	queréis
(ellos, ellas, ustedes)	pueden	quieren

¡Fíjate!
Los verbos *poder* y *querer* van con otro verbo en infinitivo.
Quiero ir al cine, podemos ir juntos.

b Copio en mi cuaderno y completo los diálogos usando *poder* o *querer*.

1. • No queremos ir en autobús al colegio.
   • _____ ir en bici, ¿no?

2. • Voy a la biblioteca, _____ leer un libro.
   • ¿_____ ir contigo? Es que _____ un libro.

3. • Mi hermano no _____ ir al cine conmigo.
   • _____ ir solos.

4. • Queremos más luz en la habitación.
   • _____ comprar una lámpara.

5. • _____ ir al cine, para ver la última película de Mario Casas.
   • Nosotros también _____ ir.

2 La localización

Observo la imagen y elijo la opción adecuada.

1. El hotel está **cerca/lejos** de la oficina de turismo.

2. Hay un autobús **delante/detrás** del hotel.

3. El hotel está a la **izquierda/derecha** de la oficina de turismo.

4. Hay dos bicis **delante/detrás** de la oficina de turismo.

5. El paso de cebra está a la **derecha/izquierda** del autobús.

6. El coche amarillo está **detrás/entre** los dos coches.

Contenido virtual

Me muevo en la ciudad 7

3 El verbo *ir*

a Observo y completo con ejemplos.

	ir	+ preposición
(yo)	voy	**ir a** + lugar
(tú)	vas	Ejemplo:
(él, ella, usted)		**ir en** + medio de transporte
(nosotros, nosotras)	vamos	Ejemplo:
(vosotros, vosotras)	vais	**ir con** + persona
(ellos, ellas, ustedes)		Ejemplo:

b Copio en mi cuaderno y completo con la preposición adecuada. Recuerda: *a + el = al*.

1. Vamos _____ la pizzería el sábado.
2. Normalmente voy _____ el colegio _____ autobús.
3. En verano mi familia va de vacaciones _____ avión.
4. Voy _____ el partido de fútbol _____ mis compañeros.
5. Mi hermano y yo vamos _____ bicicleta _____ el parque.

c Copio en mi cuaderno y elijo la opción adecuada.

- ¿Qué tal, Marta? ¿Dónde vas?
- ¡Hola! Voy **en/a** la librería.
- ¿Vas sola?
- No, **(0)/con** mi hermana.
- ¡Guay! ¿Cómo vais?
- Pues creo que **con/en** bici.

d Relaciono y completo.

1. Estefanía va _____ colegio a...
2. Sergio va al...
3. Sabina va con...
4. Isa y Cristina van en...
5. Manu va...

a. ... Cynthia _____ comprar.
b. ... médico mañana por la mañana.
c. ... a Madrid _____ sus primos de vacaciones.
d. ... pie.
e. ... el coche de su madre _____ centro comercial.

4 Los interrogativos

Completo con los interrogativos.

1. ¿_____ está el quiosco?
2. ¿_____ alumnos hay en tu colegio?
3. ¿_____ quiere tarta de chocolate?
4. ¿_____ quieres cenar?
5. ¿_____ cuestan las botas?
6. ¿_____ color te gusta más?

Los interrogativos

Qué + verbo
Qué + sustantivo
Cuánto + verbo
Cuánto/a/os/as + sustantivo
Quién + verbo
Dónde + verbo

Mi diccionario visual

Describo mi ciudad

La ciudad es...
- grande
- m...di...n
- pequeña
- de costa
- de interior
- a...tig...a
- moderna

Medios de transporte
- la moto
- la bicicleta
- el c...ch...
- el autobús
- el tren
- el a...ió...
- el t...xi
- el metro

Me muevo en la ciudad 7

En mi ciudad hay...

Partes de la ciudad

 el p...r...u...
 la parada de autobús
 la b...bli...te...a
 el hospital
 el qui...s...o
 la plaza
 el colegio o instituto
 la p...pe...e...a
el paso de cebra
 el parque infantil
 el s...má...o...o

Compras y ocio

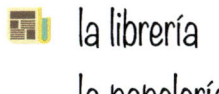 la librería
la papelería
 la tienda de videojuegos
 el c...n...
 la b...le...a
el restaurante
 el polideportivo
 el g...m...as...o
la tienda de deporte
 la ópt...c...
 la tienda de r... ...
 la pi...z...rí...
la heladería

1 Completo mi diccionario visual

Veo, completo las palabras o hago un dibujo.

2 Juego con palabras

Completo el crucigrama.

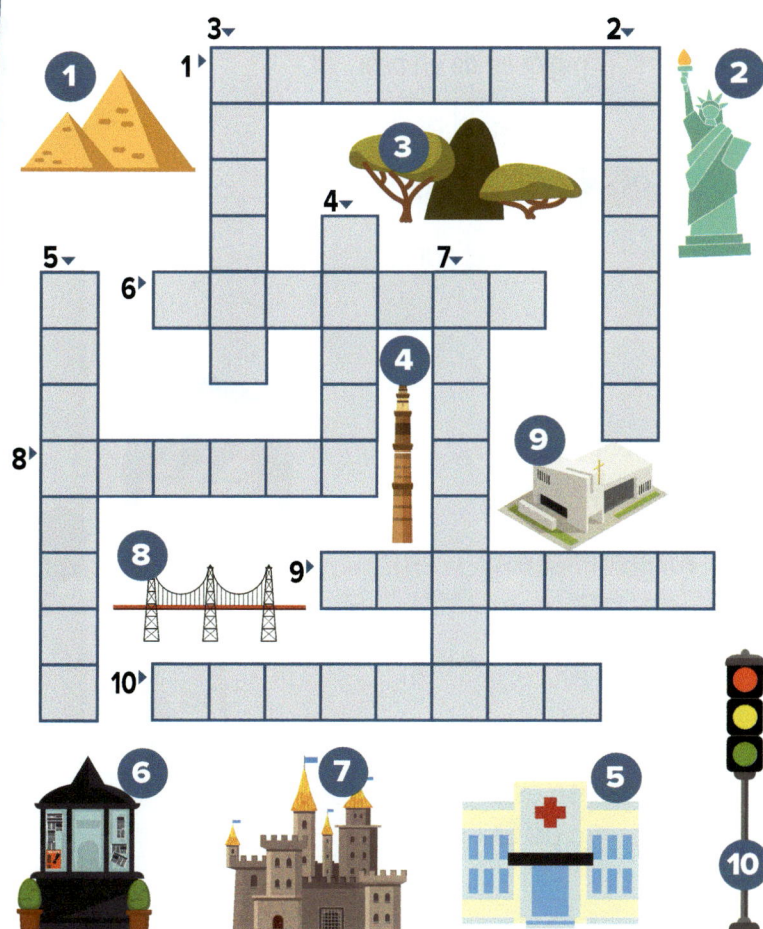

Nuestro proyecto
La geografía de mi país

Conecto con Geografía

Parque Torres del Paine

1 Aprendo a hablar de los puntos cardinales y las fronteras

Observo el esquema y el mapa y completo.

Dentro del país
Para hablar de las ciudades y regiones de un país.

en el norte
en el oeste   en el este
en el sur

Fuera del país
Para hablar de las fronteras de un país.

al norte
al oeste   al este
al sur

- Argentina está _____ este de Chile.
- Magallanes está _____ de Chile.
- Bolivia está _____ norte de Chile.
- Valparaíso está _____ el centro de Chile.

Me muevo en la ciudad 7

PARAGUAY

Los Andes

Isla de Pascua

Atacama

2 Conozco mejor Chile

Leo, relaciono las palabras con su definición y respondo.

Chile es un país situado en el extremo sudoeste de América del Sur. Su capital es Santiago y es conocida por el Palacio de la Moneda. Limita con Perú y Bolivia al norte y con Argentina al este. Todas las costas de Chile estan en el océano Pacífico. Su río más largo es el Loa con 440 kilómetros de longitud y su montaña más alta es Ojos del Salado, en Los Andes, con 6 893 metros. Una de sus islas más conocidas es la Isla de Pascua. En Chile está el desierto más seco del mundo, Atacama.

país → Ciudad más importante de un país.
isla • Corriente de agua que va al mar.
río • Parte donde el mar llega a la tierra.
capital • Tierra rodeada de mar.
costa • Nación.

1. ¿Cuál es la capital de Chile?
2. ¿Con qué países limita?
3. ¿En qué océano está Chile?
4. ¿Cuál es el río más largo y cuántos kilómetros tiene?
5. ¿Qué es Ojos del Salado?
6. ¿Cuál es la isla más conocida de Chile?
7. ¿Cuántas regiones tiene Chile?
8. ¿Qué región está más al sur? ¿Y al norte?

3 Ahora nosotros

Presentamos nuestro país o elegimos otro. Hacemos un póster con un mapa, fotos e información.

contenido virtual

Evalúo mis conocimientos en...
AulaVirtual

Unidad 8
Comparto mi tiempo

Una fiesta sorpresa

Unos amigos organizan una fiesta sorpresa a Elena. Observo y respondo a las preguntas:

1. ¿Cómo está Elena?
2. ¿Por qué es la fiesta?
3. ¿Cuántos años tiene Elena?
4. ¿Qué le regalan?
5. ¿Qué comen en la fiesta? ¿Y qué beben?
6. ¿Cuántos amigos van a su fiesta?

Competencias del siglo XXI

Maneras de pensar: el pensamiento crítico
Señalo si estoy de acuerdo o no con estas afirmaciones.

Siempre hago lo que me dicen y prefiero no pensar.

Hago lo que me apetece, sin pensar en las consecuencias.

Tomo mis decisiones sin preguntar a nadie.

Siempre pienso si lo que hago es correcto o no.

En esta unidad...

1. Hablo de los días especiales
2. Quedo con mis amigos
3. Explico el tiempo que hace
4. Hago actividades
5. Elijo un regalo para mí
6. Explico qué estoy haciendo

... aprendo...

- Los verbos para hablar del tiempo: *hace*, *llueve* y *nieva*
- La diferencia entre *muy* y *mucho*
- *Estar* + gerundio
- Las palabras para describir una fiesta: *la tarta, las velas, los regalos, el baile...*
- Las expresiones para hablar del clima: *hace frío, calor, viento...*
- La ropa: *la camiseta, los pantalones, la falda...*

... para realizar...

Nuestro proyecto
El clima del mundo
Pág. 120

Secuencia 1 — Hablo de los días especiales

1. Conozco los nombres de actividades sociales

a. Leo y relaciono cada intervención con una actividad social.

- La comida con los abuelos ○
- La merienda con la pandilla ○
- La fiesta del cumpleaños ○
- La fiesta de las quinceañeras ○

1. Mañana cumplo 12 años. Todos los años lo celebro en mi casa. Mi abuela hace una **tarta** y yo soplo las **velas**. Mis amigos cantan la **canción** más famosa (Cumpleaños feliz, cumpleaños feliz, te deseamos todos cumpleaños feliz) y después me dan los **regalos**. *(Raúl)*

2. Estoy muy nerviosa porque la próxima semana cumplo 15 años. En México se hace una gran fiesta y la protagonista lleva un **vestido** precioso. También hay un gran baile con todos los invitados y la protagonista baila un vals con su padre. *(Lupe)*

3. Algunas tardes mis amigos vienen a mi casa a jugar a la Play. Mi padre nos hace unos **bocadillos** y también nos pone refrescos de naranja. Todas las semanas jugamos en casa de un amigo, es siempre muy divertido. *(Sara)*

4. Mis hermanos y yo, los sábados, vamos a comer a casa de los abuelos. Mi abuelo nos hace nuestra comida favorita y después de comer vemos fotos, hablamos o jugamos juntos. Siempre nos dan la **paga** semanal. A mí me dan más dinero que a mis hermanos porque soy mayor. *(Alejandro)*

b. Respondo a las preguntas.

1. ¿Dónde celebra el cumpleaños Raúl?
2. ¿Cuál es la canción más famosa para los cumpleaños?
3. ¿Qué hacen Alejandro y sus hermanos después de comer con sus abuelos?
4. ¿Qué les dan a Alejandro y a sus hermanos sus abuelos?
5. ¿Dónde juegan a la Play Sara y sus amigos?
6. ¿Cuál es la costumbre en México cuando se cumplen 15 años?
7. ¿Con quién baila un vals la protagonista cuando cumple quince años?

2. Aprendo las palabras

Completo y relaciono las palabras marcadas con cada imagen.

1. Las v........
2. El v........
3. La .... r ....
4. La p........
5. Los .... g ....
6. La .... ó ....
7. Los .... c .... l ....

3. Cuento mis días especiales

Elijo un día especial y, con mis palabras, lo describo y respondo a las preguntas.

1. ¿Cuándo?
2. ¿Con quién?
3. ¿Cómo?
4. ¿Qué me gusta más de ese día?

Secuencia 2 — Quedo con mis amigos

Comparto mi tiempo 8

1 Aprendo las expresiones para quedar con mis amigos
Leo estas conversaciones y completo la explicación.

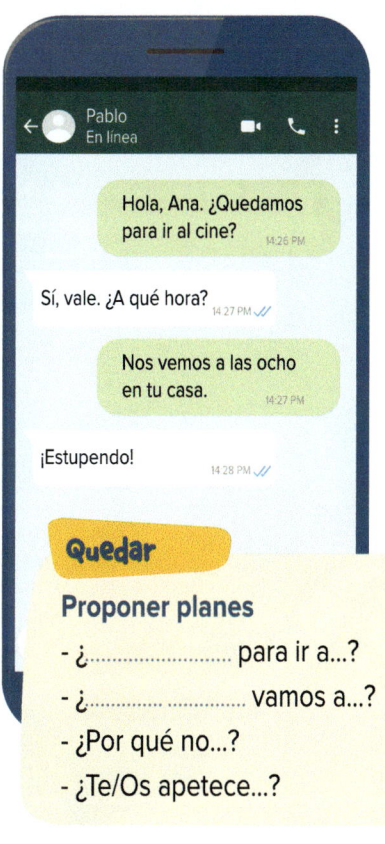

Pablo — En línea
- Hola, Ana. ¿Quedamos para ir al cine? 14:26 PM
- Sí, vale. ¿A qué hora? 14:27 PM
- Nos vemos a las ocho en tu casa. 14:27 PM
- ¡Estupendo! 14:28 PM

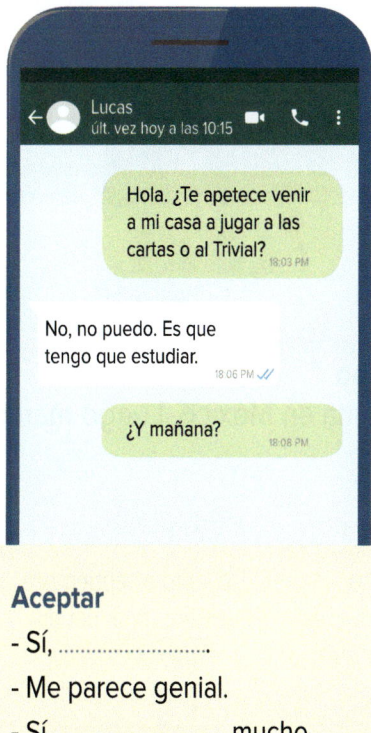

Lucas — últ. vez hoy a las 10:15
- Hola. ¿Te apetece venir a mi casa a jugar a las cartas o al Trivial? 18:03 PM
- No, no puedo. Es que tengo que estudiar. 18:06 PM
- ¿Y mañana? 18:08 PM

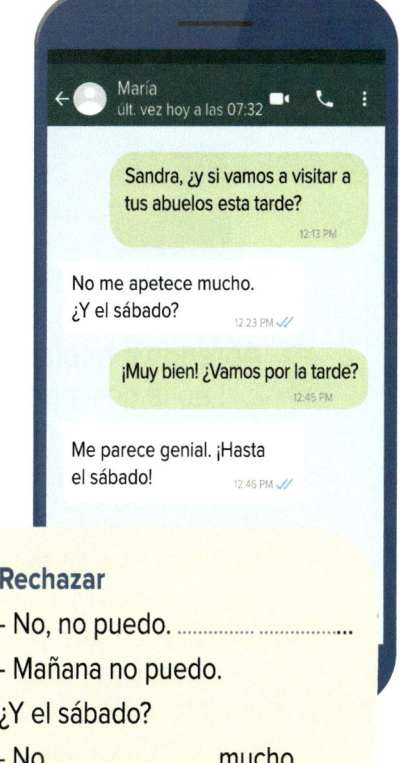

María — últ. vez hoy a las 07:32
- Sandra, ¿y si vamos a visitar a tus abuelos esta tarde? 12:13 PM
- No me apetece mucho. ¿Y el sábado? 12:23 PM
- ¡Muy bien! ¿Vamos por la tarde? 12:45 PM
- Me parece genial. ¡Hasta el sábado! 12:46 PM

Quedar

Proponer planes	Aceptar	Rechazar
- ¿.................... para ir a…?	- Sí, ...	- No, no puedo. ....
- ¿.................... vamos a…?	- Me parece genial.	- Mañana no puedo. ¿Y el sábado?
- ¿Por qué no…?	- Sí, ... mucho.	- No .... mucho.
- ¿Te/Os apetece…?	- ¡................ ....!	

2 Comprendo unos diálogos
Escucho y escribo en mi cuaderno dónde van a quedar estos chicos. 🎧25

Alberto y Antonio — Susana y Sara — Juan y Ramón

3 Quedo con mi compañero
Miro las agendas de Alfredo y de Elena y, con mi compañero, redacto un diálogo para quedar el sábado.

Agenda de Alfredo

Sábado
- **11:00** montar en bici
- **13:30** comida con los abuelos
- **19:00** partido de fútbol
- **21:00** cine

Agenda de Elena

Sábado
- **11:30** ir a la piscina
- **14:00** comida familiar
- **20:30** cumpleaños de Marta

Secuencia 3 — Explico el tiempo que hace

1 Identifico las estaciones
Observo, leo y digo las estaciones.

Llueve y hace frío. Me quedo en casa.

Nieva y hace frío y voy con mi familia a esquiar a la montaña.

Hace sol y hace mucho calor. Voy con mi familia a la playa.

No hace mucho calor, pero hace viento y mi hermano hace surf.

2 Aprendo a hablar del tiempo
a. Leo la descripción del clima en México. Luego marco X.

El clima en México

En el sur, en las dos costas, **hace sol y calor**. De junio a septiembre es la época de lluvias. **Llueve mucho**, especialmente al final del día, y **hace viento**, ideal para practicar surf.
En el centro **hace bueno** todo el año, **hace calor**, pero no mucho. En las montañas **nieva**.
En el norte **hace mucho sol** y **mucho calor** en verano, más de 45°. En invierno **hace mucho frío**, menos de 0° y **nieva** en las montañas desde diciembre hasta marzo.

	🌬️	🌧️	🌡️↑	🌡️↓	⛅	☀️
En el norte						
En el centro						
En el sur						

b. Copio y completo las frases en mi cuaderno.
1. En el norte de México .... mucho calor en verano.
2. En el centro hace .... en invierno.
3. En el sur .... mucho todo el año y, por eso, es muy verde.
4. En verano .... calor en el centro de España.
5. En el norte .... especialmente en las montañas.

3 Describo el tiempo en mi ciudad
Explico el tiempo en invierno y en verano.

Secuencia 4 — Hago actividades

Comparto mi tiempo 8

1. Repaso las actividades de tiempo libre
Relaciono las actividades con el mejor tiempo para hacerlas.

1. Cuando hace calor...
2. Cuando hace frío...

○ Voy a la playa o a la piscina.
○ Juego al fútbol o al tenis.
○ Juego a las cartas.
○ Tomo un chocolate caliente.
○ Juego a la videoconsola.

○ Tomo un helado.
○ Esquío.
○ Voy a pasear al parque.
○ Duermo.
○ Veo una película en la tele.

2. Aprendo la diferencia entre *muy* y *mucho*

a. Leo y relaciono con la imagen.

- En la costa mexicana llueve mucho, por eso los paisajes son muy verdes. ○
- En Tarifa siempre hace mucho viento y por eso vamos allí para hacer *windsurf*. ○
- Me gusta mucho Cancún porque siempre hace muy buen tiempo. ○

b. Observo las frases de la actividad anterior y elijo la opción adecuada para completar la explicación.

Muy/Mucho

1. *Muy* + ○ adjetivo/adverbio | ○ sustantivo
   Ejemplo: ....
2. ○ verbo | ○ adjetivo + *mucho*
   Ejemplo: ....
3. *Mucho (-a, -os, -as)* + ○ adjetivo/adverbio | ○ sustantivo
   Ejemplo: ....

c. Señalo la opción adecuada.

1. En el sur llueve *muy/mucho/muchos*.
2. El norte es *muy/mucho/muchos* seco.
3. En Tarifa hace *muy/mucho/muchos* viento.
4. Las ciudades del sur son *muy/mucho/muchos* soleadas.
5. En las montañas nieva *muy/mucho/muchos* en invierno.
6. En las islas Canarias no hay *muy/mucho/muchos* días de lluvia.

3. Hablo de mis actividades
Explico cuáles son mis actividades favoritas según el tiempo que hace.

En invierno   En verano

113

Secuencia 5 — Elijo un regalo para mí

1. Aprendo vocabulario de la ropa

Observo la imagen y el vocabulario. Luego, copio y completo los diálogos en mi cuaderno.

En la tienda de deportes

— El sábado es el cumpleaños de David. Necesitamos un regalo.
— A él le encanta el deporte… juega al fútbol, al tenis, corre…
— ¿Le compramos unas .... para correr?
— Es buena idea, pero cuestan casi 100 euros, es muy caro.
— ¿Y una .... de su equipo preferido?
— Me parece que son muy caras.

En la tienda de ropa

— ¡Tenemos que comprar el regalo para Ana ya porque su cumpleaños es mañana! ¿Miramos en esta tienda?
— Todos los .... son amarillos y muy feos o muy caros.
— Pues esos .... vaqueros son muy bonitos.
— Sí, me gustan. Creo que son de su estilo.
— ¿Cuánto cuestan?
— Son 26 euros. 13 tú y 13 yo. Está bien, ¿no?
— ¡Genial!

2. Descubro descripciones

Escucho y señalo la prenda favorita de cada uno. 🎧26

1. jersey
2. falda
3. camisa
4. vaqueros
5. camiseta

DAVID · ÓSCAR · ELENA · MARTA

3. Describo un regalo

Ahora, imagino que es el cumpleaños de un compañero de clase. Escribo en mi cuaderno qué prendas le regalo. Después, lo leo a mi compañero y este dice si le gusta su regalo o no.

Secuencia 6 — Explico qué estoy haciendo

Comparto mi tiempo 8

1. ¿Qué están haciendo?
David está pintando su fiesta de cumpleaños. Observo el cuadro y señalo verdadero (V) o falso (F).

V F
- ☐ ☐ David está soplando las velas porque hoy cumple 13 años.
- ☐ ☐ La chica de la falda verde está hablando con Alicia.
- ☐ ☐ La chica de la falda verde está cantando *Cumpleaños feliz*.
- ☐ ☐ La chica del vestido verde lleva un regalo para David.

V F
- ☐ ☐ El hombre de la camiseta roja está repartiendo comida.
- ☐ ☐ El chico que lleva vaqueros está viendo la tele.
- ☐ ☐ El chico del jersey marrón está escribiendo.
- ☐ ☐ Los niños de la camisa blanca están jugando con el balón.

2. Conozco la estructura *estar* + gerundio
Observo la actividad anterior y completo el cuadro.

El verbo estar + gerundio

	estar	
(yo)	estoy	• verbos -*ar* > -ando
(tú)	estás	mirar > mirando
(él, ella, usted)	....	• verbos -*er* > -iendo
(nosotros, nosotras)	estamos	ver > ....
(vosotros, vosotras)	estáis	• verbos -*ir* > -iendo
(ellos, ellas, ustedes)	....	repartir > ....

3. Digo verdades y mentiras
Pienso en dos personas más de la fiesta y escribo una frase para cada una. Mi compañero marca si es verdad o mentira.

Gramática

1 Verbos meteorológicos

a Observo y completo en mi cuaderno las frases con estas palabras.

 Hace frío
 Hace calor
 Hace viento
 Llueve
 Nieva

1. En verano hace _____ y vamos a la playa.
2. En mi ciudad, en invierno, _____ mucho frío.
3. Como hoy _____ jugamos con la cometa.
4. En el norte _____ mucho y por eso es muy verde.
5. Hoy hace mucho _____, más de 30 grados.
6. En las montañas _____ normalmente en invierno y vamos a esquiar.

b Copio y completo en mi cuaderno con estas palabras.

hace mucho viento - llueve - hace mucho calor - hace mucho frío - nieva

1. En mi ciudad _____ mucho, hay muchas zonas verdes.
2. _____, hay que beber mucha agua.
3. Hoy es ideal para hacer surf porque _____.
4. Si _____, podemos ir a esquiar.
5. Hoy no voy al parque, _____.

2 Muy y mucho

a Observa el cuadro y subraya ejemplos de *muy* y *mucho* en la unidad.

Muy	Mucho
• Con adjetivos o con adverbios *Alberto tiene una camisa **muy** bonita.* *El examen está **muy** bien.*	• Con verbos *Me gusta **mucho** el color rosa.* • Con sustantivos *Tengo **muchas** faldas, no necesito más.*

b Copio y completo en mi cuaderno con la opción adecuada.

1. En Córdoba y Sevilla hace _____ calor en verano.
2. Queremos ir a México de vacaciones, pero está _____ lejos.
3. La paella está _____ buena. Tu madre cocina _____ bien.
4. Este juego es _____ divertido.
5. Mi padre tiene _____ cómics en casa.
6. En el sur de Argentina hace _____ frío.
7. En verano tenemos que beber _____ agua.
8. Me gusta _____ este jersey, pero es _____ caro.

c Elijo la opción adecuada.

1. En invierno las mañanas son *muy/mucho* frías.
2. Hay *muy/mucha* comida para todos.
3. Es *muy/mucho* tarde, me voy a casa.
4. Todos esos actores son *muy/mucho* conocidos.
5. En mi ciudad hace *muy/mucho* calor en verano.
6. En primavera hace un tiempo *muy/mucho* bueno.

3 Gerundio

a Busco más gerundios en la unidad.

El gerundio
Verbos en *-ar*: *ando*   and*ando*, cant*ando*
Verbos en *-er*: *iendo*   com*iendo*, respond*iendo*
Verbos en *-ir*: *iendo*   viv*iendo*, sufr*iendo*

¡Fíjate!

Algunos gerundios irregulares:
ir › yendo
dormir › durmiendo
leer › leyendo

b Copio en mi cuaderno y completo con el verbo *estar* y los verbos en gerundio.

1. Mi hermana y yo _____ *(escribir)* un correo electrónico.
2. Me _____ *(probar)* el bañador nuevo.
3. Mis primos _____ *(jugar)* en la piscina.
4. ¿Qué _____ *(comer)* tú?
5. No puedo salir porque _____ *(hacer)* los deberes.
6. Papá _____ *(lavar)* el coche en el garaje.
7. Margarita _____ *(subir)* las escaleras.
8. ¿Qué _____ *(ver)*, chicos?

c Indico el gerundio de estos verbos.

1. escuchar:
2. escribir:
3. bailar:
4. salir:
5. beber:
6. vivir:

Comparto mi tiempo 8

El clima

- 🌩️ hace mal tiempo
- 🌡️ ....
- 💨 hace viento
- ❄️ nieva
- 🌧️ llueve
- 🌡️ ....
- ☀️ hace buen tiempo

La ropa

- la falda
- el vestido
- los zapatos
- la camiseta
- los calcetines
- las zapatillas
- los ....
- la camisa

✏️ 1 Completo mi diccionario visual

Veo, completo las palabras o hago un dibujo.

🎲 2 Juego con palabras

Busco las diferencias.

a

b

1. ....
2. ....
3. ....
4. ....
5. ....
6. ....
7. ....
8. ....

Nuestro Proyecto
El clima de mi país

Conecto con Geografía

Clima mediterráneo en Andalucía, España

Clima polar en el glaciar Perito Moreno, Argentina

Clima oceánico en La Pampa, Argentina

Clima desértico en el desierto de Atacama, Chile

Clima tropical en la playa Punta Uva, Costa Rica

Clima de alta montaña en la cordillera de los Andes

Clima ecuatorial en Salto Ángel, Venezuela

1 Descubro los nombres de los climas

Observo las fotos y completo la descripción de los climas con las palabras que faltan.

Climas fríos:
- Clima _____, como en la Patagonia (Argentina).
- Clima de _____, como en los Pirineos (España) o en la cordillera de _____ (Sudamérica).

Climas templados:
- Clima continental, como en los bosques de Norteamérica.
- Clima _____, como en el norte de España o en La _____ (Argentina).
- Clima _____, como en _____ (sur de España).

Climas cálidos:
- Clima _____, como en Costa _____.
- Clima _____, como en _____.
- Clima _____, como en Atacama (Chile).

comparto mi tiempo 8

contenido virtual

2 Descubro los climas de España

Leo y completo el mapa con los nombres de los climas.

El clima

En España hay cinco tipos de climas: el clima continental, el clima de montaña, el clima mediterráneo, el clima oceánico y el clima subtropical.

El centro de la península tiene un clima continental. Hace mucho frío en invierno y mucho calor en verano. No llueve mucho, pero llueve más en primavera y en otoño, y en invierno nieva.

En las grandes montañas, como en los Pirineos o en las sierras del centro de la península, hay un clima de alta montaña: allí nieva mucho en invierno y hace mucho frío. En verano no hace mucho calor. También llueve mucho. En la parte más alta de las montañas no hay mucha vegetación.

En las costas del este y del sur, en las Islas Baleares, en Ceuta y en Melilla hay un clima mediterráneo. Hace mucho calor durante casi todo el año, excepto en invierno, pero no hace mucho frío. Normalmente no nieva nunca. Llueve especialmente en primavera y en otoño, pero llueve poco.

En el norte del país, en la costa del mar Cantábrico y en Galicia, hay un clima oceánico, con mucha lluvia todo el año, especialmente en invierno, pero también llueve en verano, y tiene una temperatura suave: no hace mucho frío en invierno, pero tampoco hace mucho calor en verano. El paisaje es muy verde por la lluvia. Por eso a esta zona se la llama *la España verde*.

En las islas Canarias hay un clima subtropical, normalmente hace calor todo el año y llueve poco, pero en las islas más altas hay mucha humedad.

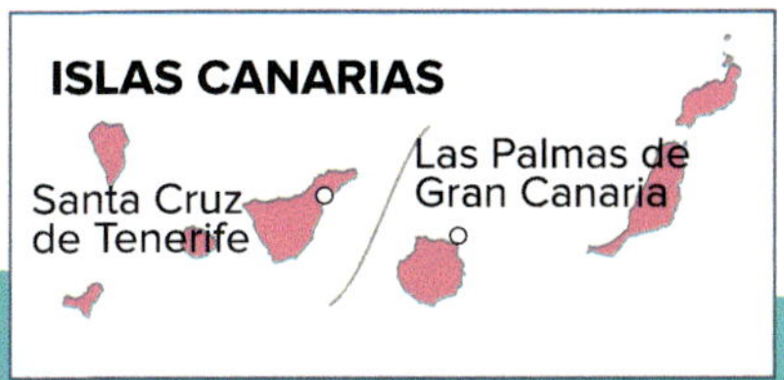

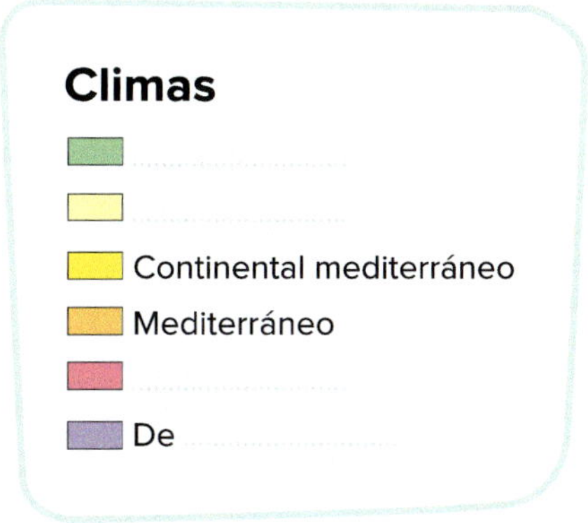

Climas
- 🟩 _____
- 🟨 _____
- 🟡 Continental mediterráneo
- 🟧 Mediterráneo
- 🟥 _____
- 🟪 De _____

3 Ahora nosotros

Describimos el clima de nuestro país. Dibujamos un mapa, marcamos los climas y los explicamos. Luego, buscamos fotos y hacemos una presentación.

Evalúo mis conocimientos en... AulaVirtual

Repaso gramatical

1. Las letras

El abecedario

- **A, a:** la a
- **B, b:** la be
- **C, c:** la ce
- **D, d:** la de
- **E, e:** la e
- **F, f:** la efe
- **G, g:** la ge
- **H, h:** la hache
- **I, i:** la i
- **J, j:** la jota
- **K, k:** la ka
- **L, l:** la ele
- **M, m:** la eme
- **N, n:** la ene
- **Ñ, ñ:** la eñe
- **O, o:** la o
- **P, p:** la pe
- **Q, q:** la cu
- **R, r:** la erre
- **S, s:** la ese
- **T, t:** la te
- **U, u:** la u
- **V, v:** la uve
- **W, w:** la uve doble
- **X, x:** la equis
- **Y, y:** la ye
- **Z, z:** la zeta

¡Fíjate! Las letras son femeninas: **la a, la be**..., y pueden ser mayúsculas: **A, B**..., o minúsculas: **a, b**...

Pronunciación y ortografía

- **B – V** Se pronuncian igual, como en *Bolivia*.
- **C – Z** C delante de otra consonante o de *a, o, u* se pronuncia como *K*, pero delante de *e* o *i* se pronuncia como *Z*, como en *Cáceres*.
- **CH** Las dos letras juntas tienen un sonido especial, como en *Chile*.
- **G – J** G delante de otra consonante o de *a, o, u* se pronuncia suave, como en *Guatemala*; pero delante de *e* o *i* se pronuncia como *J*, como en *Gijón*.
- **GU** delante de *e* o *i* se pronuncia como *G*, como en *portugués*.
- **GÜ** delante de *e* o *i* se pronuncia como *GU*, como en *nicaragüense*.
- **H** No se pronuncia nunca, como en *Honduras*.
- **LL** La letra *doble L* o *elle*, se pronuncia como *Y*, como en *Sevilla*.
- **QU** Solo se utiliza delante de *e* o *i* y se pronuncia como *K*, como en *Quito*.
- **R** Tiene dos sonidos: *R* suena suave, como en *Honduras* o *Argentina*; pero *R* al principio de palabra y *RR* entre vocales suena fuerte, como en *Costa Rica* o en *sierra*.
- **X** Se pronuncia con *KS*, como en *taxi*, pero solo en *México, Texas* y *Oaxaca* se pronuncia como *J*.
- **Z** Solo se usa delante de *a, o, u*, como en *Venezuela*.

2. El acento

En español, todas las palabras tienen una **sílaba que se pronuncia más fuerte** y depende de estas dos reglas:

1. La mayoría de las palabras **terminan en vocal, en -n o en -s**, se pronuncia más fuerte la **penúltima sílaba**, como en *Cuba* o *Guatemala*, y se llaman **llanas**, excepto si tienen una tilde (un acento escrito) en otro lugar, como en *Perú* o en *república*.

2. En las palabras que **terminan en consonante distinta de -n o de -s** se pronuncia más fuerte la última sílaba, como en *Ecuador* o *español*, y se llaman **agudas**, excepto si tienen una tilde (un acento escrito) en otro lugar, como en *Cádiz*.

¡Ojo! Las palabras que tienen una **tilde** (un acento escrito) **en la antepenúltima sílaba**, como en *República Dominicana*, se llaman **esdrújulas**.

INSTANTES 1

3 Los números

0	cero
1	uno
2	dos
3	tres
4	cuatro
5	cinco
6	seis
7	siete
8	ocho
9	nueve
10	diez
11	once
12	doce
13	trece
14	catorce
15	quince
16	dieciséis
17	diecisiete
18	dieciocho
19	diecinueve
20	veinte
21	veintiuno
22	veintidós
23	veintitrés
24	veinticuatro
25	veinticinco
26	veintiséis
27	veintisiete
28	veintiocho
29	veintinueve
30	treinta
31	treinta y uno
32	treinta y dos...
40	cuarenta
50	cincuenta
60	sesenta
70	setenta
80	ochenta
90	noventa
100	cien
101	ciento uno...

¡Fíjate! Del **21** al **29** se escriben en **una sola palabra**. Desde el **31** se escriben **en tres**, como en *treinta y uno*... *Cien* cambia a *ciento* después de **101**.

4 Los verbos

1. Los verbos españoles terminan en **-ar, -er** o **-ir**, como en *hablar, leer* o *vivir*, y tienen diferentes finales según la persona:

	Verbos -ar	
(yo)	-o	hablo
(tú)	-as	hablas
(él, ella, usted)	-a	habla
(nosotros, nosotras)	-amos	hablamos
(vosotros, vosotras)	-áis	habláis
(ellos, ellas, ustedes)	-an	hablan

	Verbos -er		Verbos -ir	
(yo)	-o	leo	-o	vivo
(tú)	-es	lees	-es	vives
(él, ella, usted)	-e	lee	-e	vive
(nosotros, nosotras)	-emos	leemos	-imos	vivimos
(vosotros, vosotras)	-éis	leéis	-ís	vivís
(ellos, ellas, ustedes)	-en	leen	-en	viven

2. Hay algunos verbos que son **irregulares**, que cambian en presente:

¡Ojo! En español **no es necesario utilizar los pronombres personales** porque el verbo ya indica la persona.

	ser	estar	tener
(yo)	soy	estoy	tengo
(tú)	eres	estás	tienes
(él, ella, usted)	es	está	tiene
(nosotros, nosotras)	somos	estamos	tenemos
(vosotros, vosotras)	sois	estáis	tenéis
(ellos, ellas, ustedes)	son	están	tienen

	hacer	ver	ir
(yo)	hago	veo	voy
(tú)	haces	ves	vas
(él, ella, usted)	hace	ve	va
(nosotros, nosotras)	hacemos	vemos	vamos
(vosotros, vosotras)	hacéis	veis	vais
(ellos, ellas, ustedes)	hacen	ven	van

	jugar	empezar	poder
(yo)	juego	empiezo	puedo
(tú)	juegas	empiezas	puedes
(él, ella, usted)	juega	empieza	puede
(nosotros, nosotras)	jugamos	empezamos	podemos
(vosotros, vosotras)	jugáis	empezáis	podéis
(ellos, ellas, ustedes)	juegan	empiezan	pueden

Repaso gramatical • INSTANTES 1

Repaso gramatical

	querer	dormir	pedir
(yo)	quiero	duermo	pido
(tú)	quieres	duermes	pides
(él, ella, usted)	quiere	duerme	pide
(nosotros, nosotras)	queremos	dormimos	pedimos
(vosotros, vosotras)	queréis	dormís	pedís
(ellos, ellas, ustedes)	quieren	duermen	piden

3. Hay verbos que **siempre van con pronombre:**

Reflexivos	
	llamarse
(yo)	me llamo
(tú)	te llamas
(él, ella, usted)	se llama
(nosotros, nosotras)	nos llamamos
(vosotros, vosotras)	os llamáis
(ellos, ellas, ustedes)	se llaman

gustar		
A mí	me	
A ti	te	+ infinitivo: *nadar / bailar*
A él, ella, usted	le	gusta / + sustantivo en singular: *el chocolate / la música latina*
A nosotros/as	nos	
A vosotros/as	os	gustan / + sustantivo en plural: *los cómics / las películas*
A ellos, ellas, ustedes	les	

¡Ojo!
Los pronombres que van con *a* (*a mí, a ti...*) no son necesarios, pueden ir para dar énfasis, excepto si es una respuesta, que entonces tienen que ir:
(A mí) no me gusta el chocolate.
A mí sí.

5 Los Sustantivos

1. El **género** y el **número:**

a. Son **masculinas** las palabras que terminan en *–o* y en *–or*: *el gimnasio, el comedor.*

b. Son **femeninas** las palabras que terminan en *–a*: *la sala.*

c. Si la palabra termina en vocal (*–o, –a* o *–e*), el plural termina en *–s*: *los libros.*

d. Si la palabra termina en consonante (*–l, –r...*), el plural termina en *–es*: *los ordenadores.*

¡Fíjate!
Algunos sustantivos no terminan en -o/-a, por eso, es bueno aprender los sustantivos con su artículo: *la leche, el coche, la canción...*

2. Normalmente van con **artículos:**

Los artículos				
	Determinado		Indeterminado	
	masculino	femenino	masculino	femenino
Singular	el	la	un	una
Plural	los	las	unos	unas

3. Pueden llevar **adjetivos** con los que concuerdan en género y número:

Los adjetivos		
Los adjetivos terminados en *–o...* *el lápiz rojo*	... cambian en femenino a *–a* *la regla roja*	... y hacen el plural *+s* *los lápices rojos*
Los adjetivos terminados en *–a, –e...* *el lápiz naranja/ verde*	... no cambian en femenino *la regla naranja/verde*	... y hacen el plural *+s* *los lápices naranjas/ verdes*
Los adjetivos terminados en consonante... *el lápiz gris*	... no cambian en femenino *la regla gris*	... y hacen el plural *+es* *los lápices grises*

INSTANTES 1

4. En vez de artículos pueden llevar delante **demostrativos**:

cerca	lejos	más lejos
aquí	ahí	allí
este	ese	aquel
esta	esa	aquella
estos	esos	aquellos
estas	esas	aquellas

5. Y también **posesivos**:

	Singular		Plural	
(yo)	mi (padre/madre)		mis (abuelos/abuelas)	
(tú)	tu (hermano/hermana)		tus (tíos/tías)	
(él, ella, usted)	su (marido/mujer)		sus (hijos/hijas)	
(nosotros, nosotras)	**nuestro** (padre)	**nuestra** (madre)	**nuestros** (tíos)	**nuestras** (primas)
(vosotros, vosotras)	**vuestro** (hermano)	**vuestra** (hermana)	**vuestros** (primos)	**vuestras** (tías)
(ellos, ellas, ustedes)	su (abuelo/abuela)		sus (abuelos/abuelas)	

6 Las preposiciones

1. Con el verbo *ir*:

	ir
(yo)	voy
(tú)	vas
(él, ella, usted)	va
(nosotros, nosotras)	vamos
(vosotros, vosotras)	vais
(ellos, ellas, ustedes)	van

ir a + lugar

ir en + medio de transporte

ir con + persona

Voy en...
- bici
- moto
- autobús
- metro
- tren
- taxi

2. Las preposiciones con valor de **tiempo**:

Preposición	Ejemplo
Ø + día de la semana	*El sábado y el domingo no tengo clase.*
A + *la/las* + hora + **de** + parte del día	*Estudio español **a** las diez **de** la mañana.*
Por + parte del día	***Por** la tarde no tengo clase.*

en punto	La/Las... y...	La/Las... menos...
Es la una **de** la mañana. (01:00)	... y cinco. (01:05)	... **menos** veinticinco. (00:35)
Son las dos **de** la tarde. (14:00)	... y cuarto. (14:15)	... **menos** cuarto. (13:45)
Son las nueve **de** la noche. (21:00)	... y media. (21:30)	... **menos** diez. (20:50)

7 Los interrogativos

interrogativo	pregunta	respuesta
Cómo	¿Cómo te llamas?	**Me llamo** + nombre
Cuál	¿Cuál es tu correo electrónico?	**Es** + correo
Cuándo	¿Cuándo es tu cumpleaños?	**Es el** + día + **de** mes
Cuántos	¿Cuántos años tienes?	**Tengo** + número + años
De dónde	¿De dónde eres?	**Soy** + nacionalidad / **Soy de** + ciudad

¡Fíjate!
Se utiliza *ir a* + **verbo** para hablar de actividades futuras: *Mañana voy a comer con mis amigos en una pizzería.*

Repaso gramatical

INSTANTES 1

8 Muy y mucho

Muy	Mucho
• **Con adjetivos o con adverbios** Alberto tiene una camisa *muy* bonita. El examen está *muy* bien.	• **Con verbos** Me gusta *mucho* el color rosa. • **Con sustantivos** Tengo *muchas* faldas, no necesito más.

9 Las expresiones de lugar

El lápiz está...

entre los sacapuntas

debajo del sacapuntas

delante del sacapuntas

encima del sacapuntas

detrás del sacapuntas

al lado del sacapuntas

10 La frecuencia

Nunca · Casi nunca · A veces · Casi siempre · Siempre

11 La causa y la finalidad

Expresar la causa		
Preguntas	¿**Por qué**... + verbo?	¿*Por qué* subes por las escaleras y no en ascensor?
Respuestas	**Porque** + verbo	*Porque* así hago ejercicio.
	Por + sustantivo	*Por* salud.
Expresar la finalidad		
Preguntas	¿**Para qué**... + verbo?	¿*Para qué* corres todos los días?
Respuestas	**Para** + infinitivo	*Para* estar en forma.

12 El gerundio

Los **gerundios** de **verbos regulares** se contruyen de la siguiente forma:

- Verbos que acaban en *-ar*: *ando*
  and*ando*, cant*ando*
- Verbos que acaban en *-er*: *iendo*
  com*iendo*, respond*iendo*
- Verbos que acaban en *-ir*: *iendo*
  viv*iendo*, sufr*iendo*

Algunos gerundios de **verbos irregulares:**

- *ir › yendo*
- *dormir › durmiendo*
- *leer › leyendo*

Contenido virtual

Escanea este QR si quieres ver la **transcripción** de las **pistas de audio** y de los **episodios de vídeo** del libro.

Ramón

A papá,
siempre en la memoria.

A mamá,
ejemplo, modelo, referente.

A Patricia,
compañera de aventuras.

A esos profesores y alumnos
que comparten nuestra pasión.

Patricia

A Jimena,
la aventura más bonita
de toda mi vida.

A mi compañero de vida, Juanjo.
Gracias por no dejarme caer nunca
y por vivir mi profesión casi tan intensamente como yo.

A mis padres,
en este libro hay mucho de vosotros.

A mis alumnos,
que me enseñan cada día el mundo
sin salir del aula.

A Ramón, mi compañero y amigo.
Gracias por tu infinita paciencia,
tu buen humor y
por hacer las cosas así de bonitas.
Trabajar contigo ha sido francamente divertido.

A Óscar, nuestro editor,
que nos ha guiado con simpatía y profesionalidad.
Gracias por ponernos las cosas tan fáciles
y por rebatir tan bien.
Ha sido un lujo trabajar contigo.

1.ª edición: 2020
5.ª impresión: 2025

© Edelsa, S. A. Madrid, 2020
© Autores: José Ramón Rodríguez Martín y Patricia Santervás González

Equipo editorial
Coordinación: Marie Sodore
Edición: Óscar Cerrolaza Gili y Alicia Iglesia Mirón
Ilustraciones: Ángeles Peinador Arbiza
Diseño de cubierta: Carolina García González
Diseño y maquetación de interior: Lidia Muñoz Martín
Corrección: Alicia Iglesia Mirón

Fotografías: 123RF
P. 13 Lionel Messi [Sportgraphie] © 123RF.COM, P. 57 Ricky Martin, Selena Gómez y Miley Cyrus [buzzfuss] © 123RF.com, P. 57 Garbine Muguruza [Leonard Zhukovsky] © 123RF.com, P. 66 Casas con piscina [Aleksandrs Tihonous] © 123RF.COM, P. 66 Casa con jardín [daizuoxin] © 123RF.COM, P. 79 Castillo de Coca [Carla Soler Martínez] © 123RF.COM, P. 79 Palacio del Real Sitio de La Granja [maekfoto] © 123RF.COM, P. 79 Bungaló [Martin Veligursky] © 123RF.COM, P. 83 Cómics [Thanamat Somwan] © 123RF.COM, P. 93 Lionel Messi [Vasilis Ververidis] © 123RF.COM, P. 93 Emanuel Ginóbili [Celsopupo] © 123RF.COM, P. 93 Luciana Aymar [36clicks] © 123RF.COM, P. 98 Quiosco [Iakov Filimonov] © 123RF.COM

P. 121 Mapa climático de España, Departamento Cartográfico de Anaya

Audio: Bendito Sonido
Vídeo, realización y dirección: Impronta Digital

ISBN: 978-84-9081-240-2
Depósito legal: M-60-2020

Impreso en España/*Printed in Spain*

- Las normas ortográficas seguidas en este libro son las establecidas por la Real Academia Española en su última edición de la *Ortografía*.
- Cualquier forma de reproducción de esta obra solo puede ser realizada con la autorización de la editorial, salvo excepción prevista por la ley. Diríjase a CEDRO (Centro Español de Derechos Reprográficos, www.cedro.org) si necesita fotocopiar o escanear algún fragmento de esta obra.